"数商兴农"实用技能培训丛书

农产品直播口才训练

"数商兴农"实用技能培训丛书编写组 编

中国劳动社会保障出版社

图书在版编目（CIP）数据

农产品直播口才训练／"数商兴农"实用技能培训丛书编写组编． ——北京：中国劳动社会保障出版社，2024

（"数商兴农"实用技能培训丛书）

ISBN 978-7-5167-6237-0

Ⅰ.①农⋯　Ⅱ.①数⋯　Ⅲ.①农产品-网络营销-口才学　Ⅳ.①F724.72②H019

中国国家版本馆 CIP 数据核字（2024）第 068846 号

中国劳动社会保障出版社出版发行

（北京市惠新东街 1 号　邮政编码：100029）

*

北京市科星印刷有限责任公司印刷装订　　新华书店经销

787 毫米×1092 毫米　16 开本　10 印张　155 千字
2024 年 5 月第 1 版　2024 年 5 月第 1 次印刷

定价：29.80 元

营销中心电话：400-606-6496
出版社网址：http://www.class.com.cn

版权专有　　侵权必究

如有印装差错，请与本社联系调换：(010) 81211666
我社将与版权执法机关配合，大力打击盗印、销售和使用盗版图书活动，敬请广大读者协助举报，经查实将给予举报者奖励。
举报电话：(010) 64954652

"数商兴农"实用技能培训丛书编写组

主　编：程淑丽
副主编：张丽萍
编　者：杨　雪　唐振伟　张志宵

前　言

　　直播已经进入人们的日常生活中，农产品直播的发展前景是非常广阔的。为了帮助农产品直播销售员学习直播、学会直播、学好直播，实现销售增长，我们组织编写了这本《农产品直播口才训练》。

　　那么，如何才能成为一名合格的农产品直播销售员呢？如何做到开场不冷场、有效高效控场？如何向观众推销农产品？如何在直播中与观众高效互动？如何巧妙地催单、要单呢？

　　成功没有捷径，都需要长期坚持不断学习、复盘、总结、改进。农产品直播销售也是一样，要学方法、学技巧、常演练，要不断地进行专业训练。

　　农产品直播不是其他领域产品直播的平移或挪用，其有自己的特点。本书立足直播全过程，先总结再设计，为农产品直播销售量身定制了一套专业化的口才训练架构，力图帮助读者学基础、做训练、懂话术、能解答、知催单、会结尾。

　　这本《农产品直播口才训练》在理论学习方面主要包含直播口才基本能力和直播口才训练两个模块，先学后练，先掌握一定的基础知识，再通过一些针对性训练后进入模拟演练。在实践应用方面主要包含直播开场话术、直播推介话术、直播互动话术、直播异议化解话术、直播催单话术、直播收尾话术六个模块，每个模块都设计了有针对性的情景演练，以最接近实战的方式来训练农产品直播销售员的口才。

希望本书能够为读者提供具有参考价值的农产品直播口才训练方案,帮助读者在主播这条路上走得更远。

本书在创作中难免有疏漏与不足之处,恳请广大读者批评指正。

"数商兴农"实用技能培训丛书编写组

2024 年 3 月

目 录

第 1 章 直播口才基本能力

1.1 直播语言表达　　3
1.1.1 直播语言表达的 5 个要求　　3
1.1.2 直播语言表达的 6 个能力　　4
1.1.3 直播语言表达的 6 个禁忌　　6

1.2 直播幽默技巧　　7
1.2.1 调侃式幽默　　7
1.2.2 演绎式幽默　　9
1.2.3 荒诞式幽默　　10
1.2.4 联想式幽默　　11
1.2.5 反差式幽默　　13
1.2.6 混搭式幽默　　14
1.2.7 机智式幽默　　16
1.2.8 曲解式幽默　　17

1.3 直播口才能力应用案例　　18
1.3.1 语言表达应用案例　　18
1.3.2 幽默技巧应用案例　　20

第 2 章 直播口才训练

2.1 4 个阶段　27
2.1.1 第 1 阶段：简单背诵　27
2.1.2 第 2 阶段：模仿演练　28
2.1.3 第 3 阶段：互动演练　29
2.1.4 第 4 阶段：尝试直播　30

2.2 4 个重点　31
2.2.1 讲解与推介　31
2.2.2 提问与回答　33
2.2.3 举证与说服　36
2.2.4 排除异议　37

2.3 4 个训练　39
2.3.1 建立自信训练　39
2.3.2 克服恐惧训练　40
2.3.3 语言逻辑训练　41
2.3.4 回答问题训练　43

2.4 4 个避免　44
2.4.1 避免绝对化表述　44
2.4.2 避免错误表述　45
2.4.3 避免随意举证　47
2.4.4 避免冷场　47

第 3 章 直播开场话术

3.1 6 种开场句式　51
3.1.1 宣讲推介式开场句式　51
3.1.2 直接演示式开场句式　51

3.1.3 自卖自夸式开场句式	52
3.1.4 福利促销式开场句式	52
3.1.5 试验比较式开场句式	53
3.1.6 故事讲解式开场句式	53
3.2 直播开场话术情景演练	**54**
3.2.1 宣讲推介式开场情景演练	54
3.2.2 直接演示式开场情景演练	55
3.2.3 自卖自夸式开场情景演练	57
3.2.4 福利促销式开场情景演练	58
3.2.5 试验比较式开场情景演练	60
3.2.6 故事讲解式开场情景演练	62
3.3 直播开场留人方法	**64**
3.3.1 事实留人	64
3.3.2 利益留人	65
3.3.3 互动留人	66

第4章 直播推介话术

4.1 3个要点	**71**
4.1.1 利益	71
4.1.2 演示	72
4.1.3 证明	73
4.2 3种句式	**74**
4.2.1 FABE 句式	74
4.2.2 AIDA 句式	74
4.2.3 FABI 句式	75
4.3 直播推介话术情景演练	**75**
4.3.1 描述类推介话术情景演练	75
4.3.2 比喻类推介话术情景演练	77

4.3.3 演示类推介话术情景演练　　79

第5章 直播互动话术

5.1 3个互动技巧　　85
5.1.1 限售留人互动　　85
5.1.2 抽奖福利互动　　86
5.1.3 故事段子互动　　87

5.2 3个互动误区　　88
5.2.1 避免随意互动　　88
5.2.2 避免直面冲突　　88
5.2.3 避免单一话术　　89

第6章 直播异议化解话术

6.1 5个质疑问题　　93
6.1.1 质疑品质　　93
6.1.2 质疑功效　　93
6.1.3 质疑营养　　94
6.1.4 质疑价格　　94
6.1.5 质疑健康　　95

6.2 3个化解异议的方法　　96
6.2.1 摆事实，讲道理　　96
6.2.2 看数据，详讲解　　97
6.2.3 边演示，边证明　　98

6.3 异议化解话术情景演练　　99
6.3.1 化解品质问题话术情景演练　　99
6.3.2 化解营养问题话术情景演练　　102

6.3.3	化解健康问题话术情景演练	104

第7章 直播催单话术

7.1 催单7"讲" — 111

- 7.1.1 讲利益 — 111
- 7.1.2 讲机会 — 111
- 7.1.3 讲时限 — 112
- 7.1.4 讲数量 — 112
- 7.1.5 讲赠品 — 113
- 7.1.6 讲价格 — 113
- 7.1.7 讲库存 — 114

7.2 直播催单话术情景演练 — 114

- 7.2.1 利益催单法情景演练 — 114
- 7.2.2 价格催单法情景演练 — 117
- 7.2.3 时限催单法情景演练 — 120
- 7.2.4 赠品催单法情景演练 — 122
- 7.2.5 数量催单法情景演练 — 125

第8章 直播收尾话术

8.1 直播结尾5法 — 131

- 8.1.1 感谢式结尾 — 131
- 8.1.2 促销式结尾 — 131
- 8.1.3 福利式结尾 — 132
- 8.1.4 数据式结尾 — 133
- 8.1.5 预告式结尾 — 133

8.2 直播结尾话术情景演练 **134**

8.2.1 感谢式结尾话术情景演练 134

8.2.2 促销式结尾话术情景演练 137

8.2.3 福利式结尾话术情景演练 139

8.2.4 数据式结尾话术情景演练 144

8.2.5 预告式结尾话术情景演练 146

第1章
直播口才基本能力

▶ ▶ ▶

1.1　直播语言表达　/3

1.2　直播幽默技巧　/7

1.3　直播口才能力应用案例　/18

1.1 直播语言表达

1.1.1 直播语言表达的 5 个要求

随着电子商务的发展，直播销售已经成为引领农产品推广与销售的热门方式。在直播销售过程中，直播销售员（本书称为主播）的语言表达能力直接影响直播间的关注度及后续的交易转化率。直播销售对主播语言的要求主要有以下 5 个方面。

1. 清晰流畅，亲和力强

清晰流畅是对主播语言表达的基本要求。影响主播语言表达的因素包括发音是否准确、语气是否恰当、音量是否适宜、断句是否合理、知识储备是否充足等。

在介绍农产品特点时，主播应避免使用过于生僻的词汇和冷门的专业术语，避免模糊或含混地进行表达，以免引发观众的困惑或误解。

此外，亲和力强的话语可以拉近主播与观众之间的距离，建立起良好的情感连接。主播应以亲切友好的语气与观众互动，并对自己的语速、音量等进行把握，使观众感受到主播的真诚和热情，同时也让观众感受到关注和尊重，从而增强观众的信任度，提升观众的购买意愿。

2. 生动幽默，吸引力强

在直播销售过程中，生动幽默的语言是吸引观众的关键手段。创意十足、引人入胜的描述可引发观众的好奇心，使其对直播间、主播以及所销售的产品印象深刻。此外，还可以提升观众的忠诚度和分享的意愿。需要注意的是，主播必须恰到好处地使用幽默，适时娱乐，以确保不会冒犯观众，同时要避免使用低俗或不健康的素材作为笑料。

3. 恰当准确，专业性强

主播讲述农产品的具体营养成分、使用方法等内容时，必须运用准确恰当、科学合理的语言，应避免夸张的陈述和虚假宣传。

此外，主播应在直播销售前做好充分准备，了解即将销售的农产品的特性、用途、种植过程等内容，以便在直播过程中能准确地介绍产品的特点及优势，迅速回答观众的提问，从而增加观众对产品的信心，赢得观众的信任。

4. 有问有答，互动性强

直播销售具有高度互动性的特点，主播应该在直播过程中与观众建立积极的互动关系。这种互动不仅体现在主播积极回应观众的留言和提问上，还体现在主动提出问题、鼓励观众参与讨论和互动等。

通过互动可使主播深入了解观众的需求和关注点，以便更有针对性地介绍农产品的特点、为观众提供个性化的推荐和解决方案，从而增加观众的购买意愿。同时，互动还能提升观众的参与感，拉近主播与观众间的距离，提高观众的留存率。

5. 详略得当，针对性强

主播的语言表达要详略得当，有目的性。主播应注意扬长避短，通过有针对性的介绍，突出农产品的核心卖点和差异化优势，而对于这些优势的具体内容，则可以使用更加详细的描述，以满足观众对产品更深层次了解的需求。此外，主播还要根据直播的不同阶段和情境，采用不同的话术和技巧，促使观众在直播间下单。

1.1.2　直播语言表达的6个能力

主播的语言表达能力直接影响观众的购买意愿。因此，农产品主播不仅要掌握农产品的相关知识，还要具备一系列重要的语言表达能力，以便在直播中吸引观众注意，推动农产品的销售。主播需要具备的语言表达能力如下。

1. 阐释说明能力

阐释说明能力是指用清楚明白、生动形象的语言，向观众介绍农产品的特点、优势和使用方法，使观众对农产品有全面深入的了解，从而激发观众的兴趣和购买欲的能力。农产品涉及品种、产地、质量、安全性等多方面的信息，如果不能用恰当的语言进行阐释说明，会使观众感到困惑或不信任，从而影响其购买决策。

2. 概括总结能力

概括总结能力是指用简洁精炼、重点突出的语言,对农产品的相关信息进行重点概括和归纳总结,使观众能清晰地了解农产品的特点和亮点。农产品的相关信息往往比较繁杂,如果不能用合适的语言进行概括总结,就会遗漏重点或让观众感到冗长乏味,导致观众离开直播间,流失客源。

3. 论证表述能力

论证表述能力是指主播能够运用数据、案例、专业知识等,有力地表述农产品优点和价值的能力。销售农产品往往会遇到品质、安全性等方面的争议或质疑,如果不能用有效的语言进行论证表述,就无法有效消除观众的质疑,降低其对产品的信任度。

4. 逻辑分析能力

逻辑分析能力是指主播能够理性思考,对观众提出的问题进行分析,并给出合理回答的能力。

在介绍产品时,具有较强逻辑分析能力的主播可以用合乎逻辑、符合事实的语言,对农产品的相关信息进行推理分析和比较分析,让观众对农产品有一个理性客观的认识。在与观众互动时,观众可能会对产品提出各种各样的疑问,主播若具有较好的逻辑分析能力,就能快速找到观众产生疑问的原因,从而对"症"下"药",使观众得到满意的答案。

5. 氛围营造能力

氛围营造能力是指主播能够通过巧妙的语言调动观众的情绪,营造出积极、活跃的直播氛围的能力。良好的氛围能够增加观众的参与度,让观众感受到愉悦和舒适,从而更加愿意听取主播的推荐,提高转化率。

6. 变通应变能力

变通应变能力是指主播能够灵活应对各种突发情况,适时调整语言表达方式的能力。直播是一种不可预测的现场活动,如果不能用合理合法、妥善巧妙的语言应变各种情况,就会让观众感到失望或不满,从而影响直播间的口碑和声誉,最终影响农产品的销售。

1.1.3 直播语言表达的6个禁忌

在直播销售过程中，主播通过语言表达能够展示个人风格和专业水平，还能够影响观众的情绪和购买意愿。但若处理不当，也容易"祸从口出"，因此，主播要牢记直播语言表达中的禁忌，以免造成不良后果。直播语言表达的禁忌如下。

1. 使用极端词汇

常见的极端词汇有"最高级""唯一""顶级""最先进""全网销量第一"等，这些词汇听感夸张，一度产生很强的冲击力。但是随着时代的发展，观众的文化水平越来越高，这些极端词汇对人的冲击力越来越低，甚至会因太过绝对而给观众留下不切实际的印象。我国对产品宣传的要求越来越严格，已出台相关法律规章等规范极端词汇的使用。

主播在直播过程中应该准确、真实、客观地介绍农产品的特点和优势，让观众感受到真诚。

2. 进行虚假宣传

虚假宣传是指对农产品的产地、品种、品质、价格、观众评价等信息进行不真实、不准确或不完整的描述，以误导或欺骗消费者的行为。

虚假宣传的行为违反了《中华人民共和国广告法》《中华人民共和国消费者权益保护法》和直播平台的有关规定，会导致直播间被直播平台封禁，影响直播间声誉，情节严重的，还必须承担法律责任。因此，主播在直播中必须坚持诚实守信的原则，只发布真实可信的信息，避免夸大事实、虚假宣传。

3. 暗示误导下单

暗示误导下单是指利用一些隐晦、含糊的语言，诱导或引导消费者进行不理智或不自愿购买的行为。这种行为虽然可以暂时提高销量，但也容易引起消费者的反感和抵制，甚至造成退货、差评、举报等后果。主播应该提供真实的产品信息，让观众在理性思考后做出购买决策。

4. 贬低侮辱他人

贬低侮辱他人是指对其他卖家、竞品等进行恶意攻击、诋毁、嘲讽、挑衅等的行为。这种行为虽然可以显示出主播的自信和优势，但也非常容易引起他人的反感和敌意，甚至造成纠纷和冲突，是绝对不可取的行为。如果主播对观众或其他主播进行贬低和侮辱，将极大地损害自身和直播间的形象和信誉。主播应该始终保持礼貌和亲和，尊重观众和同行，与其建立良好的互动关系，树立积极向上的形象。

5. 讨论违规话题

违规话题一般包括敏感话题和不当话题。敏感话题是指涉及政治、宗教、民族、地域等内容的话题；不当话题是指涉及色情、暴力、赌博、恐怖活动等内容的话题。这些话题往往容易引起争议和冲突，甚至触犯法律法规，是各直播平台禁止讨论的。主播在直播过程中，应专注农产品本身，遵守法律法规和社会公德，尊重他人的权利和尊严，确保直播环境绿色健康。

6. 引流无关产品

引流无关商品是指在农产品直播销售过程中，有意或无意提及或推荐与可售农产品无关或不相关的其他商品。这种行为虽然可以增加主播的收入或人气，但也容易分散观众的注意力和兴趣，不利于农产品的销售。

虽然有时主播的"引流"行为是无意识的，通常由于缺少风险意识而在直播过程中介绍了无关的产品，但有些产品可能是直播平台和国家法律法规禁止在直播中提及的。因此，直播应该专注于所售的农产品和与之相关或配套的商品。如果有必要，可以进行跨界合作或联动活动，以提高农产品的曝光度和吸引力。

1.2 直播幽默技巧

1.2.1 调侃式幽默

调侃式幽默是指通过自嘲、反讽、夸张等手法，吸引观众注意力和好感。主播可以主动使用调侃式幽默来增强直播间的互动性，也可以在尴尬事件或冷场后用来缓和气氛。下面介绍4个调侃式幽默的技巧及其注意事项。

1. 敢于自嘲，自我调侃见幽默

某些情境下，主播可结合自身情况开自己的玩笑，如调侃自身的缺点、曾经的失误、曾处的困境等，以表现出自信和乐观的态度，从而赢得观众的喜爱。

主播使用这种技巧时，要注意不要过于自卑或自大，以免引人厌烦。另外，要注意把握时机和场合，不要在谈论严肃的话题时开玩笑，以免引起不必要的误会。

2. 善用讽刺，用幽默引发共鸣

某些情境下，主播可以用与事实相反或相矛盾的语言和表情来表达自己的观点或评价，以引发观众的思考和共鸣。

主播使用这种技巧时，要注意谨慎选择讽刺的对象，讽刺的对象可以是某一类事件、事物或现象，不要直接提及具体的人名、产品名、品牌名，不能恶意损害竞品形象。另外，主播要注意用词和语气，要让观众明白主播是在开玩笑或调侃。

3. 假装认同，让结果制造幽默

某些情境下，主播可以通过对某种错误的观念进行故意肯定或推波助澜，再在后续的介绍、演说、推理中发现应有的错误或不合理，从而制造幽默，让观众会心一笑。

主播使用这种技巧时，要注意设计好引导和推理过程，不要过于复杂，以免让观众感到困惑。同时，主播要注意提到的理念或话题要与直播销售的产品有一定关联，要用以谬导正的方式来揭露其错误或不合理之处，从而激发观众的购买欲望。

4. 巧用比喻，用幽默加深印象

某些情境下，主播可以用生动或奇特的事物，来类比自己、产品或观众的特征、情况，从而增强观众的印象和记忆。

主播使用这种技巧时，要注意选择合适的比喻对象和话题，不要过于普通或特殊，以免让观众感到无意义或不理解。还要注意把握比喻的程度和范围，不要过于简单或复杂，以免让观众感到无趣或累赘。

1.2.2 演绎式幽默

演绎式幽默是指通过模仿、扭曲、变换、反转等手法,对语言、行为、情境等进行创造性的表达,以达到出人意料、引发笑点的效果。演绎式幽默可以带来很好的直播效果,若运用得当,既可以凸显主播的个人风格,又可以突出销售的农产品的特点和优势。下面介绍 5 个演绎式幽默的技巧及其注意事项。

1. 不动声色,让人忍俊不禁

主播在介绍商品或回答问题时,不动声色地说出一些夸张或荒诞的内容,让观众惊讶的同时发现笑点。

主播使用这种技巧时,要注意不要使用一些可能引起争议或敏感的内容,以免悖于观众的价值观或情感,引起负面反馈或投诉。另外,不要过于频繁或单调地使用该技巧,以免让观众感到厌烦或无趣。

2. 假装严肃,让反差带来幽默

主播在表达非严肃性的观点或评价时,可以故意用严肃的语气或表情,使其形成鲜明的对比,通过反差使观众感到幽默。

主播使用这种技巧时,要选择合适的语气和表情,以免让观众误解主播的真实态度或意图,造成误会或冲突;要选择合适的话题和场合,以免让观众感到不适或不尊重,影响直播的氛围和效果;要注意观众的反应和反馈。若观众感到不满或不理解,应及时调整自己的幽默方式和内容。

3. 不止于说,肢体语言也能演绎幽默

主播在展示商品或呈现效果时,可以使用一些夸张或滑稽的肢体语言,为幽默的语言锦上添花。

主播使用这种技巧时,要注意控制自己的动作,以免过于夸张或滑稽。还要注意与自己的形象和风格相协调,以免让观众感到不自然或不舒服,影响观众对主播专业性的认可。

4. 假装误会,让幽默成为巧合

主播在回应观众的提问或评论时,可以故意误解观众的本意,假装在理解上有偏

农产品直播口才训练

差，从而演绎出别样的幽默效果。

主播使用这种技巧时，要注意选择合适的对象和问题，以免让观众感到被冒犯或被忽视，影响观众对主播的信任。还要选择合适的时机和方式，以免让观众感到被拖延或被打断，影响直播的节奏和效率。此外，在达到一定效果后，要对观众的提问或评论予以正解。

5. 大智若愚，"蠢言"令人会心一笑

主播在介绍商品或分享经验时，可以故意说出一些明显错误或荒谬的话，装出一副"愚蠢"的样子，此时观众哪怕知道主播是在故意装傻，也会会心一笑，从而对主播产生好感。

主播使用这种技巧时，要注意选择合适的语言和话题，以免误导观众，影响主播的专业性；要选择合适的频率和变化，以免使观众感到重复或无聊，影响效果。

1.2.3 荒诞式幽默

荒诞式幽默是指通过夸张、反差、矛盾、颠倒等手法，创造出不合常理、不合逻辑、不合现实的言语或情景，从而引发观众的惊讶、好奇和笑意。在直播过程中运用荒诞式幽默，可使主播和观众都突破常规思维，激发想象力和创造力。下面介绍5个荒诞式幽默的技巧及其注意事项。

1. 故作怪诞，在形式上引人入胜

主播可以通过对推荐的农产品的某项特点或优势进行有悖常理的描述或演示，制造出怪诞的效果，从而引起观众的注意和兴趣。

主播使用这种技巧时，要掌握好尺度，不要过分夸张或贬低，以免失去真实性和可信度，引起观众的反感甚至厌恶。另外，荒诞要适可而止，不要过分拖沓或重复，要避免使观众失去新鲜感，产生审美疲劳。

2. 窘中求趣，化解困难和尴尬

主播在直播过程中遇到困难或感到尴尬时，可以利用一些偶然或片面的因素，构建出荒谬的推理或解释，从而达到化解窘境、制造笑料的效果。

主播使用这种技巧时，要有自嘲和自信的心态，不要害怕或逃避，而是用幽默的方式来面对和解决。同时，要注意与观众建立共情和互动，让他们感受到主播的真诚，从而增加观众对主播的好感度。

3. 反复唠叨，啰唆也能成幽默

主播可以通过对有趣味、有节目效果的文案进行反复唠叨，来表达自己对产品的喜爱及推荐的决心，从而增加语言的强调效果。若运用得当，可以产生一种别样的幽默感。

主播使用这种技巧时，要注意抓住观众的兴趣点，不要重复无关或无用的信息，以免让观众感到厌烦或无聊。另外，要注意适当变换语言或形式，不要完全照搬或复制，以免失去趣味性。

4. 转变形式，化愤怒成笑料

主播可以通过对一些令人不满或愤怒的事物或现象进行极端夸张或搞笑模仿，制造笑料。

主播使用这种技巧时，要注意区分对象和场合，不要对自己的产品或观众进行负面评价或攻击，以免损害直播间的形象和信誉。另外，要注意观察观众在直播间的反馈，当发现观众已经厌烦或反感时，要适可而止，及时结束这种行为。

5. 合理夸张，让人一听便笑

主播在介绍产品时，可以适时适当地使用夸张的语气、夸张的表情、夸张的动作、夸张的文案来制造幽默。

主播使用这种技巧时，注意不要虚假宣传产品的营养成分、质量、销量等。另外，夸张的内容要与观众的需求和期望相一致，不要夸大其词到超出观众的接受范围。

1.2.4 联想式幽默

联想式幽默是一种通过丰富的想象力，将表面看似无关或矛盾的事物或现象，进行创造性的联系或转换，从而形成新奇、有趣、意外的言语或情景的幽默方式。联想式幽默可以展示出主播的智慧和才华，给观众新奇感。下面介绍5个联想式幽默的技巧及其注意事项。

1. 出奇想象，巧妙建立联系

主播可以通过将不同领域、不同层次、不同属性的事物或现象，进行生硬或巧妙的拼凑或并列，形成不协调或新颖的效果，从而引起观众的兴趣与认可。

主播使用这种技巧时，要注意选择合适的联想对象，不要过于牵强或离谱，以免让观众感到困惑或不信任。另外，注意与拟在直播中推荐产品的主题和特点相呼应，以免让观众感到无趣或无用。

2. 推陈出新，化旧笑点为新幽默

主播通过对一些常见或陈旧的事物或现象进行创新或改造，从而表达出与众不同的观点或态度，制造笑料。

主播使用这种技巧时，要注意突出主播的个性和风格，不要模仿或抄袭其他主播的创意或表达方式，以免失去原创性和吸引力。同时，也要注意符合直播间的定位和农产品的特点，不要过于张扬或低俗，以免损害直播间的形象，降低观众对农产品的认可度。

3. 主动联系，穿越时间空间

主播可以将不同时间、不同空间的事物或现象，进行随意或有意的混合或对比，形成荒诞或惊奇的效果，制造笑料。

主播使用这种技巧时，要注意选择合适的对象，把握好各对象在时间和空间上的"距离"，各对象之间至少要有一处以上的共同之处，不能生搬硬套。

4. 变化语句，让文字产生幽默感

主播在介绍产品时，可以改变一些正常句子、词汇的先后顺序，或者故意使用错误的语法，以此产生幽默的效果。

主播使用这种技巧时，要注意选择合适的语句或语法对象，不要过于复杂或简单，以免让观众感到难以理解或无聊。另外，要注意变化后的语句需表达一定含义，不能生硬变化，让结果没有笑点。还有，要注意变化后的语句可以幽默、搞笑甚至荒诞，但不能低俗、违规。

5. 以符带字，幽默从暗示中来

主播用一些常见且简单的符号（如数字、字母、图形、颜色等）来代替一些复杂或有话题性的事物或现象（如人物、事件、情感等），从而实现一语双关、"一切尽在不言中"的效果。

主播使用这种技巧时，要注意合理选择被替代的对象，哪怕已经被替代，也不能选择敏感人物或事物，也不能暗示违规、违法行为；要注意把握符号的数量和含义，不要过多或过少，过于明显或隐晦，以免让观众感到困惑；要注意选择的符号与被替代的对象之间的关联性，不要过于牵强，以免让观众感到无趣或无用。

1.2.5 反差式幽默

反差式幽默是指通过对事物进行对比、差异、矛盾、颠倒等，使其产生意外、违反常理、打破平衡的效果，制造笑点。反差式幽默能够吸引观众的注意力，增加直播的互动性和吸引力，还能够突出直播的主题和重点。下面介绍 5 个反差式幽默的技巧及其注意事项。

1. 混淆概念，打乱事物原本联系

主播可以把几种截然不同的事物或者互不相关甚至互相矛盾的概念混合在一起，创设出互相矛盾、滑稽可笑的效果。

主播使用这种技巧时，要注意掌握好尺度和分寸，不要过于夸张或荒诞，否则会让观众觉得不真实或不可信。

2. 给人期待，结局反转造惊喜

主播在直播销售时，可以尝试制造"陷阱"，让观众产生错觉，给其某种特定的期待，使其注意力固定在一种结果上，最后主播突然转向另一种结果，形成明显的反差，超出原本的期待，让观众觉得惊喜。

主播使用这种技巧时，要注意把握好时间和节奏，不要拖得太长或太短，否则会让观众失去兴趣或感到突兀。

3. 制造悬念，意外结果也幽默

主播可以在直播销售时故意对一个完整的句子进行有目的地拆解，给观众制造一个悬念，在停顿之后，将句子的语意突转，使语意前后反差强烈，给人一种意外的幽默。

主播使用这种技巧时，要注意抓住观众的心理预期和好奇心，不要让观众提前猜到主播的目的，否则幽默效果将大打折扣。

4. "大言不惭"，一本正经做反差

主播在直播过程中，可以故意面不改色地说一些自夸的大话，把荒谬、夸张的内容杂糅其中，使主观与客观产生强烈的反差，从而引出笑料。

主播使用这种技巧时，要注意前后对比，前期"说大话"时要不动声色，表情、动作、语气等要控制得当，后期要大方承认之前的行为是为了直播效果，不能让观众认为主播真的非常自大。

5. 同因异果，让结果产生反差

同一件事情会有不同的解释，主播若能在某种情景下，从同一个原因中推出完全相反的两个结果，且反差巨大，就会产生让人意想不到的幽默效果。

主播使用这种技巧时，要注意推理过程要基本合理，不要让观众觉得主播是在刻意寻求异于常理的结果。

1.2.6 混搭式幽默

混搭式幽默是指将不相干或不协调的事物、语言、动作等拼凑在一起，制造出看似荒诞、滑稽实则内含一定逻辑的笑点。混搭式幽默的优点是能够突破常规思维，创造出新奇有趣的语言场景，运用得当可以活跃直播间的气氛，增加直播间的吸引力。下面介绍5个混搭式幽默的技巧及其注意事项。

1. 大胆模仿，"拙劣"演技逗人发笑

主播可以在直播时，选择一些经典的场景进行模仿，但又要故意机械地把适用于某一事物的东西模仿、硬套在另一事物上，看似笨拙滑稽，实则难度很高，运用得当可以起到很好的幽默效果。

主播使用这种技巧时，要注意选择合适的对象和场合，避免模仿敏感或不适宜的对象，做出不尊重的举动，也要注意掌握分寸和节奏，不要过于夸张或拖沓。

2. 转变词义，打破常规搭配界限

主播可以在直播时，把适用于庄重严肃场合的书面用语套用在轻松、诙谐的句子中，或者用非常适用于日常口语的俗语来替换本该很"高大上"的产品介绍文案。虽然词语的中心意思是相同的，但联想意义和使用范围却是极不相符的，这种错位的表意往往能带来极大的乐趣。

主播使用这种技巧时，要注意选择恰当的词语和语境，不能选择敏感、违规的词汇。

3. 巧用修辞，拟人拟物有奇效

主播在介绍产品时，可以运用拟人的修辞手法，使产品"人性化"；在介绍人物时，可以使用拟物的修辞说法，使人"物性化"。这种技巧不仅可以让产品、人物更加生动，也可以产生出其不意的幽默效果。

主播使用这种技巧时，要注意选择有特点、有故事的产品或人物进行拟人拟物，避免使用平淡无趣或有负面含义的内容。

4. 混搭词语，强拆固定搭配

主播在直播时，可以将固定性很强、一般无法分开使用的词语、成语强行拆开，或是将根本不能组合使用的词语硬性搭配，使之"变形"，从而产生意想不到的谐趣。这种方法可以打破语言惯例，创造出新颖有趣的词语。

主播使用这种技巧时，要注意选择常用或熟悉的词语进行混搭，避免使用生僻或不恰当的词语，也要注意混搭后的词语仍要有一定的意义和关联性，不要生搬硬凑。

5. 预先演练，随机套用幽默模板

主播可以在直播前了解一些与直播相关、与拟销售的农产品有关的幽默范例，在直播时根据实际情况进行灵活套用。

主播使用这种技巧时，要注意选择适合自己的幽默范例，避免使用过时的、不贴切的、不合规的内容，也要注意根据直播时的具体情况进行适当修改或补充，不要完全照搬或生硬地套用。

1.2.7 机智式幽默

机智式幽默是指利用语言的多义性、双关性、反差性等特点，巧妙地回应遇到的问题或挑战，以达到化解矛盾、缓解紧张、表达真意、赢得好感等目的。若在直播销售过程中将机智式幽默运用得当，不仅可以活跃直播间的气氛、避免正面冲突和尴尬，还可以有效提高主播的魅力，让观众感受到主播的智慧。下面介绍5个机智式幽默的技巧及其注意事项。

1. "以牙还牙"，用荒谬应对荒谬

主播若在直播时遇到一些无法回答的荒谬问题，可以不正面回应，以彼之道还施彼身，给出一个更荒谬的回复，从而达到一种"既荒谬又幽默"的效果。

主播使用这种技巧时，要注意选择有趣或有启发性的问题进行回答，回答时要避免使用无聊或有攻击性的内容，确保幽默但不伤及他人情感。

2. 巧借概念，用观众的观念做铺垫

主播在直播时，可以留意观众的弹幕、留言等内容，把观众言语中的一个词语或一个概念组织在自己的话语中，使思路急转，现拿现用，既能制造幽默，又能化解尴尬。

主播使用这种技巧时，要注意选择有关联或有影响力的词语或概念，避免使用无关或无意义的内容。另外，要确保语言巧妙，不要让观众感到被挑衅、被轻视。

3. 直话曲说，幽默中展示宽容

主播若遇到无理取闹、不明事理的观众，可以直话曲说，巧妙地回应对方的不合理行为，避免直接冲突，在幽默中既表达了主播的真实意思，又显示了主播的格局。

这种技巧适合主播在直播时遇到胡搅蛮缠、无理取闹的观众时使用，不能滥用，否则容易让观众感到不被尊重。

4. 巧设"陷阱"，让观众"防不胜防"

主播在介绍产品时，可以设计一些语言上的"陷阱"，引起观众注意，再通过一定程度的引导，让观众掉入"陷阱"，达到幽默的效果。

主播要注意使用这种技巧的场合，要确保"陷阱"不会让观众感到困扰或尴尬。另外，还要注意这种技巧只适合用来制造幽默，不能用这种方式诱导观众进行消费。

5. 指鹿为马，故意"诡辩"制造幽默

主播在直播时，可在某些情境下采用"指鹿为马""胡搅蛮缠"等方式进行"诡辩"，让观众一眼看出主播的"故意"，却又不自觉地被吸引。

主播使用这种技巧时，要注意选择合适的"诡辩"对象，一般不要与观众"诡辩"，最好选择直播时的搭档、助理等配合自己制造效果。另外，还要注意在"诡辩"的过程中，避免使用有攻击性、侮辱性的词汇。

1.2.8 曲解式幽默

曲解式幽默是指故意歪曲或误解语言的本来意义，做出与原意不符或不合常理的解释，从而产生出其不意、荒诞可笑的效果。曲解式幽默能够突破语言惯例，创造出新颖有趣的语言场景，增加直播的吸引力和互动性，缓解紧张气氛，拉近与听众的距离。下面介绍3个曲解式幽默的技巧及其注意事项。

1. "荒唐"推理，歪因也能出正果

主播可以通过一系列的误解和荒唐推理，将本来不相关的事物连接起来，制造出令人捧腹的效果。在直播销售过程中，可以利用这种技巧将产品与某种趣闻轶事相联系，使观众在笑声中加深对产品的印象。

主播使用这种技巧时，要确保推理过程有足够的连贯性，避免过于离谱而让观众无法理解与认同。

2. "望文生义"，装"文盲"增加记忆点

主播可以故意曲解词语的意思，进行荒谬的解释，从而制造笑料。在直播销售中，可以运用这种技巧来解释产品名称或特性，以加深观众的印象。

主播使用这种技巧时，要选择一些比较常见的词汇，不要选择生僻词汇，让观众也跟着主播一起"望文生义"。

3. 错用诗词，"明知故犯"制造笑点

主播可以在模仿古诗词的结构、韵律等时，故意出错，使观众啼笑皆非。可以运用

这种技巧来设计产品口号、广告词等,以加深观众的印象。

主播使用这种技巧时,要注意创造出来的文案不会涉及敏感话题或引起争议。

1.3 直播口才能力应用案例

1.3.1 语言表达应用案例

案例一

准确恰当、专业性强的语言表达

观众1:你这是真鸡蛋吗?

主播:这当然是真鸡蛋啦!而且还是货真价实的农家土鸡蛋!看见我身后的大棚没?还有那边的小山,全是养殖的跑山鸡!这些就是那些鸡下的鸡蛋,绿色健康无污染!

观众2:鸡蛋吃多了容易胆固醇高吧?

主播:这位家人,鸡蛋确实含有相对较高的胆固醇,但是不要忘了哦,鸡蛋被称为"完全蛋白质",其含有的人体必需氨基酸、卵磷脂、甘油三酯、胆固醇等,均极易被人体吸收利用。科学、适当地吃鸡蛋,对人的身体健康是很有好处的!

在上述案例中,主播先是展示实际存在的养鸡大棚,让观众"眼见为实",再摆出道理,先确认"鸡蛋确实含有相对较高的胆固醇",再从专业的角度分析鸡蛋的成分,有理有据,令人信服。

案例二

详略得当、针对性强的语言表达

主播:大家看,这就是今天给大家推荐的好东西,产自四川××的猕猴桃!

观众1:这不就是奇异果吗?

观众2:奇异果其实就是猕猴桃啊。

主播：这位叫×××的家人说得对！奇异果其实就是猕猴桃，大家可别小瞧这猕猴桃了，营养价值很高哩！

观众3：我记得这玩意儿很贵吧，我就不知道凭啥那么贵。

观众4：是的，我小时候在老家到季节了经常吃，没想到在城里卖这么贵。

主播：家人们，贵有贵的道理，在城里卖水果，各种成本很高的，而你在老家吃的属于原产地的原汁原味，没有其他成本附加。

主播：既然大家都好奇，那我今天就给大家科普一下，猕猴桃到底好在哪。

观众5：我看你能说出个啥。

主播：咱就说重要的，那就是营养价值，猕猴桃含有非常丰富的维生素C，维生素C是咱们人体必需的维生素，要是缺少维生素C，会让人精神沮丧、疲倦无力。

在上述案例中，主播对奇异果的别称、价格等信息只做了非常简单的描述，但对奇异果的营养成分介绍地十分详细，这就是详略得当、针对性强的体现。

案例三

使用极端词汇的案例

观众：请问主播推荐的苹果产地是哪里？

主播：嗨，非常感谢您的喜欢！这些苹果产自我们家的果园，那里环境优美、气候适宜，这使苹果的口感格外清甜。你们不要再买其他地方的苹果了，我们这里的才是真正的顶级苹果！在市面上，你再也找不到比我们家更好吃的苹果！

在上述案例中，主播使用了"顶级""再也找不到"等极端词汇，违反了直播平台的规定，也极易引起观众反感，引发争议。

案例四

进行虚假宣传的案例

主播：大家好，欢迎来到我的直播间。今天我给大家带来了一款超级好吃又健康的水果——橙子。你们看，这些橙子都是新鲜采摘的，颜色鲜艳，果形端正，果皮细腻，果肉多汁，甜而不腻，一口咬下去就能感受到满满的维生素C。

观众1：主播，你这橙子是哪里产的啊？

主播：这些橙子都是产自××、××、××等地的优质橙园，经过严格的品控和检测，保证每一个橙子都是绿色健康无公害的！

观众2：橙子的味道好像也就那样，有啥特别的？

主播：这个问题问得好！家人们，橙子不仅好吃，对人体也非常有益哦！首先，橙子含有丰富的维生素C，每100克橙子的果肉中，维生素C的含量可达到100毫克左右，是柑橘类水果中维生素C含量最高的。维生素C可以增强我们的免疫力，抵抗感冒、咳嗽等疾病，还可以美白肌肤、抗氧化、防止皮肤老化哦！

主播：其次，橙子还有润肺止咳、化痰散结的功效，对于胸闷、咽干、喉痛等症状有很好的缓解作用。再次，橙子还有清热解毒、解暑降火的作用，能够帮助人们消暑解渴。夏天到了，很多人容易有上火、口渴、口臭等问题，吃点橙子可以清凉解渴，清除口腔异味。最后，橙子还有消食、去油腻、清肠通便、预防胆结石等功效，现在很多人喜欢吃油腻、高热量的食物，容易出现消化不良、便秘等问题，吃点橙子可以促进消化道蠕动，帮助消化吸收；而且橙皮中所含有的果胶可以加速食物通过消化道，使胆固醇更快地随粪便排出体外，以减少胆固醇的吸收。

观众3：这么厉害？

主播：当然了，简单来说啊，多吃橙子，包治百病！

上述案例中，主播夸大了橙子中维生素C的含量，案例中主播说的"100毫克"非常夸张，已经涉及虚假宣传。另外，主播列举的橙子的功效有夸大之嫌，"多吃橙子，包治百病"涉及虚假宣传，没有东西可以包治百病，这是常识。主播在介绍产品时不能过分夸张，更不能无中生有。

1.3.2　幽默技巧应用案例

> 案例一

通过"自嘲"活跃直播间气氛

主播：大家好啊，今天我给大家带来的是我家乡的特产——新鲜红薯！看看这些红薯，个个都是大块头。

观众1：这红薯看着真不错！有点流口水了。

主播：哈哈，有口水就要擦擦，我一想到小时候吃的烤红薯，也会流口水。

观众2：这个红薯可以烤着吃吗？

主播：当然可以啦，烤着吃、蒸着吃都行，你要是愿意，炒着吃、炸着吃我都没意见！

观众3：哈哈，主播好幽默，真有人吃炸红薯吗？

主播：哈哈，只要你喜欢，一切皆有可能！我小时候可调皮了，就偷偷挖自家地里的红薯炸着吃！我妈看我那么喜欢吃红薯，就说我以后会变成"红薯精"，你看，我现在天天卖红薯，还真成"红薯精"了。

在上述案例中，主播向观众说出自己的童年"糗事"，用一种自嘲的方式活跃了直播间的气氛，可以借鉴。

案例二

"拙劣"模仿，吸引观众兴趣

主播：你们看，这些西瓜都是新鲜采摘的，个头大，皮薄肉厚，红润多汁，一口咬下去就能感受到满满的水分和甜味。

观众1：主播，你这西瓜多少钱1斤？（1斤为500克，本书保留口语习惯）

主播：×块钱1斤。

观众2：你这是啥特殊品种？那么贵？

主播：（模仿某动画人物语气）客官说啥呢，我这西瓜是原产地直发，个大肉甜，是真真正正的无公害绿色食品！

观众3：谁在说话？

观众4：主播你学××（某动画人物）说话呢！

观众5：学得不错，再来一个！

主播：（模仿某动画人物说话）西瓜含有大量的水分，是消暑解渴的上等果品。在这炎热的季节，下班回家来几块西瓜，别提有多舒爽解乏啦！

主播：（模仿另一个动画人物说话）当然啦，西瓜虽然美味，也不能贪多哦！西瓜性寒，应适量食用。

观众6：怎么又变××（某动画人物）了？学得也不错！

观众7：主播你到底还会多少绝活？

在上述案例中，主播通过模仿不同动画人物说话，吸引了观众的注意，让观众感受到新奇的同时，也让观众记住主播的独特魅力，对主播后续销售有促进作用。

案例三

巧设悬念，吊足观众胃口

主播：家人们好！今天我带来了一款美味食品，你们猜猜是什么呢？

观众1：主播，别卖关子啦，快点揭晓。

主播：哈哈，不着急，今天我们要介绍的是一种特别的农产品，它是大自然的馈赠。

观众2：是水果？还是蔬菜？

主播：这可不是普通的水果或蔬菜，它有着特殊的外观和独特的风味。它的果肉细腻多汁，还含有丰富的营养，对我们的身体非常有益。

观众3：你这范围也太广了！

主播：嘿嘿，我给大家讲个笑话，你们就知道了。

观众4：好呀。

主播：从前有只柚子，觉得自己必须减肥，然后它就拼命减肥，半年后，它就瘦成了一只胖胖的橘子。

观众5：不愧是你，笑话很冷，但是又确实让人"上头"。

观众6：确实，关注直播间这么久了，学到不少冷笑话。

观众7：主播是怎么做到既让人觉得搞笑又让人觉得合理的？

上述案例中，虽然主播只是要介绍柚子这种非常普通的水果，但是通过前期铺垫，吊足了观众的胃口，接着又通过一个笑话连接到主题，让观众把注意力切换到柚子上，转折看似有些"僵硬"，但这种"僵硬"已经成了主播的人设，反而让观众觉得很合理，起到了不错的效果。

> **案例四**
>
> **故作"荒诞",让观众感受快乐**
>
> 主播:家人们!直播间今天推荐的是产自××(产地)地区的优质鸭梨!这批鸭梨皮薄肉厚,汁多甜脆,我绝不允许大家错过它!
>
> 观众1:看起来倒是不错。
>
> 观众2:水分多吗?
>
> 观众3:甜不甜?
>
> 主播:家人们,这些问题,作为人类的我已经无法回答你们了(开始故作"荒诞"),问问万能的科学计算器吧。既然是科学计算器,那它说什么都很科学(拿出一个特殊改造过的计算器)。
>
> 观众4:主播别闹!
>
> 主播:(比较夸张的语气)计算器啊,告诉我直播间的宝宝们,今天推荐的鸭梨水分多不多?(主播在计算器上按下设置好的按键)
>
> 计算器:多!多!多!
>
> 观众5:???
>
> 主播:(比较夸张的语气)计算器啊,告诉我直播间的宝宝们,今天推荐的鸭梨甜不甜?(主播在计算器上按下设置好的按键)
>
> 计算器:甜!甜!甜!
>
> 观众6:我看到了什么?
>
> 观众7:这种形式有点超前啊!
>
> 主播:(比较夸张的语气)计算器啊,我直播间的宝宝们都怎么样?(主播在计算器上按下数字键"6")
>
> 计算器:6!6!6!
>
> 观众8:666,我服了!
>
> 观众9:买买买!

上述案例中,主播故意用"荒诞"的语言和夸张的动作给观众带来欢乐,既简单介绍了产品的特点,又拉近了与观众的距离。

案例五

错用诗词，"明知故犯"制造笑点

主播：家人们！俗话说，"君子成人之美，小人夺人所爱"，今天，我就当一回君子，给大家送点福利！所有油桃8折卖给你们！

观众1：什么俗语，人家那是《论语》，而且，原句是"君子成人之美，不成人之恶"，才不是什么"小人夺人所爱"。

主播：哈哈，说顺口了。

观众2：主播真是"书香世家"！

主播：那可不，小时候家里没钱，为了读书经常不吃饭，现在想想，那真是"衣带渐宽终不悔"啊！

观众3：我竟无言以对。

主播：哈哈，还是说咱们这油桃吧，大家看看，色泽鲜艳，果肉饱满，吃一口绝对满足！真是"但愿人长久，一颗永流传"啊！

观众4：这都什么乱七八糟的！

观众5：我发现了，主播是故意的！

观众6：其实还蛮有意思的，主播，再来一个！

主播：这是要积累的，知道吗？正所谓"问渠哪得清如许，心中自有清泉在"！就我这桃，这么好，你们哪有不买的道理？真是"我劝天公重抖擞，天公对我吼三吼"，告诉你们，平时要多看书，多学习，毕竟"天生我才必有用，关键时刻显神通"！

观众7：主播真是个人才！

观众8：竟然毫不违和，佩服！

上述案例中，主播通过故意错用一些经典诗句，达到了令人捧腹的幽默效果。需要注意的是，主播最好事后表明这是在开玩笑，并没有不尊重知识的意思，否则容易在直播间被居心不良的人上纲上线、乱带节奏。

第 2 章
直播口才训练

▶ ▶ ▶

2.1　4个阶段　/27

2.2　4个重点　/31

2.3　4个训练　/39

2.4　4个避免　/44

2.1 4个阶段

2.1.1 第1阶段：简单背诵

简单背诵是直播口才训练的基础阶段，主要目的是让主播熟悉农产品的基本知识和常用话术。在这个阶段，主播需要收集和整理农产品的相关信息，包括产地、品种、特点、用法等，以及销售农产品的常用话术，如开场白、推介语、促销语、回应语等。主播可以通过阅读书籍、杂志、网络文章等方式获取这些信息，并将其整理成便于记忆的形式，如卡片、表格、图表等。然后，主播需要反复背诵这些信息和话术，直到能够熟练运用。

1. 背诵的步骤

（1）选择材料。背诵材料应该与要直播销售的商品或其领域相关，且要保证质量，可以参考一些知名或成功主播的直播稿，以及一些专业或权威的书籍、文章等。

（2）分段背诵。不要一次性背诵太多内容，应该将背诵材料分成若干小段，先理解每段的意思和重点，然后反复朗读和默背，直到熟练掌握。

（3）复习巩固。完成资料背诵后，要及时复习和巩固，避免遗忘。可以利用一些工具或者方法来帮助记忆，如制作卡片、做笔记、画思维导图等。

（4）检查评估。完成一定量的背诵后，要检查背诵效果和进度，看是否达到预期目标，是否有遗漏或者错误的地方，是否需要调整或改进背诵方法。

2. 背诵的方法

主播要有方法地背诵，不要死记硬背。主播要根据自己的记忆特点和习惯，选择适合自己的背诵方法。常用的背诵方法有以下4种。

（1）重复法。重复法就是通过反复地读或说，直到能够背诵的方法。这种方法适合记忆简单但容易遗忘的信息和话术。

（2）关联法。关联法就是将信息和话术与自己熟悉的事物或知识进行联系或比较，从而加深印象的方法。这种方法适合记忆抽象且难以理解的信息和话术。

（3）归纳法。归纳法就是将信息和话术按照一定的规律或分类进行归纳总结，使其形成一个整体概念的方法。这种方法适合记忆繁杂但相互关联的信息和话术。

（4）应用法。应用法就是将信息和话术运用到实际情境中，从而加强理解和记忆的方法。这种方法适合记忆实用且需灵活运用的信息和话术。

3. 背诵的注意事项

（1）不要盲目地背诵。背诵的目的不是死记硬背，而是理解和掌握直播的语言和内容，为后续的直播打下基础。因此，在背诵的过程中，要注意理解每段内容的意思和重点，分析每段内容的逻辑和结构，掌握每段内容的表达技巧和方法等。

（2）不要机械地背诵。背诵的目的不是复制别人的直播稿，而是形成自己的直播风格和特色。因此，在背诵的过程中，要注意提炼每段内容的精华和亮点，总结每段内容的规律和特征，对每段内容进行创新等。

（3）不要单纯地背诵。背诵的目的不是闭门造车，而是与实际的直播场景相结合，为后续的直播做好准备。因此，在背诵的过程中，要注意模拟每段内容的直播情境，模仿每段内容的直播语气和表情，模拟每段内容的直播反馈和互动等。

2.1.2　第2阶段：模仿演练

模仿演练是直播口才训练的进阶阶段，主要目的是让主播掌握农产品的专业知识和经典话术。在这个阶段，主播需要观看和学习农产品销售方面优秀的视频或直播，包括专业的农业媒体、知名农产品主播的视频或直播录像，以及成功的农产品销售案例等。

1. 模仿演练的步骤

（1）观察。主播要仔细观察视频资料中直播人员的言行，注意他们的语言、声音、表情、动作、状态等，分析他们的优点和缺点，找出他们的特色和风格。

（2）模仿。主播要尽量模仿视频资料中直播人员的言行，按照他们的语言、声音、表情、动作、状态等进行演练，尝试复制他们的直播内容。

（3）改进。主播要根据自己的实际情况，对模仿的内容进行适当调整和改进，使之更符合自己的特点和风格，更适合销售的农产品，更精准地面向目标客户。

（4）练习。主播要反复模仿演练，直到能够熟练地表达出自己想要传达的信息，掌握基本话术。

2. 模仿演练的方法

主播要有方法地模仿，不要生硬地模仿。主播要根据自己的学习特点和习惯，选择适合自己的模仿演练方法。常用的模仿演练方法有以下两种。

（1）跟读法。跟读就是跟着视频或直播中的声音进行读或说，尽量做到与原声相同或相似。这种方法适用于提高语言流畅度、音量控制等方面的能力。

（2）对比法。对比就是将自己的演练内容与视频或直播中的内容进行对比，找出差异和不足，并进行修改和完善。这种方法适用于提高语言表达、表情管理等方面的能力。

3. 模仿演练的注意事项

主播要有重点地模仿，不要全盘模仿。要根据自己的优势和劣势，选择需要改进或提升的方面进行重点演练。

例如，在语言方面，可以模仿视频或直播中的词汇、语法、句型、修辞等；在声音方面，可以模仿视频或直播中的音量、音调、语速、语气等；在表情方面，可以模仿视频或直播中的眼神、微笑等；在动作方面，可以模仿视频或直播中的手势、姿势、走位等；在气氛方面，可以模仿视频或直播中的节奏、互动等。

2.1.3 第3阶段：互动演练

互动演练是直播口才训练的高级阶段，主要目的是提高农产品主播的沟通技巧和应变能力。在这个阶段，主播需要模拟直播场景，包括与观众、客服、同事、主管等不同角色的互动。

1. 互动演练的步骤

（1）选择合适的互动对象。互动对象可以是直播助理、顾客代表、主播训练专家等。

（2）分析互动对象。互动演练前，要根据已有资料分析可能的互动对象有哪些，了解他们的需求、喜好、疑问等，如他们是什么样的人群、有什么样的购买动机、关注什么样的产品、有什么样的购买障碍等。

(3) 互动演练实施。大胆与互动对象进行演练，可以先模拟一些可能的场景和话题，再进行互动，最好能记录互动内容并进行对比和评估。

(4) 反馈改进。在完成一定量的互动演练后，要反思自己的互动效果和进度，评估是否达到预期目标，是否存在差距或不足，是否需要调整或改进互动方法。

2. 互动演练的方法

主播要有技巧地演练，不要死板地演练，要根据自己的学习特点和习惯，选择适合自己的互动演练方法。互动演练方法可以有效提高自我认知及应变能力，也能提升沟通技巧。常用的互动演练方法有以下 3 种。

(1) 角色扮演法。角色扮演就是与扮演不同角色的对象进行模拟直播互动。

(2) 模拟反馈法。模拟反馈就是在模拟直播中，主播对互动对象给予的赞美、批评、建议等给出反馈。

(3) 录像回放法。录像回放就是在模拟直播结束后，主播通过录像观看自己的表现，找出优点和缺点，并进行总结和反思。

3. 互动演练的注意事项

(1) 要明确互动目标，不盲目练习。主播要根据自己的训练目标，选择合适的场景和角色进行演练。一般来说，初学者可以选择简单、友好的场景和角色进行演练；进阶者可以选择复杂、有挑战性的场景和角色进行演练。

(2) 要倾听反馈和建议，不断提高练习质量。在与互动对象进行演练时，要认真听取对方的意见和建议，从中学习和改进自己的直播方式，提高直播水平。

2.1.4 第 4 阶段：尝试直播

尝试直播是直播口才训练的最终阶段，主要目的是让主播检验农产品的销售效果和自身的成长情况。在这个阶段，主播需要在真实的直播平台上进行农产品销售。

1. 尝试直播的步骤

(1) 选择合适的直播平台。直播平台应该与自己要直播销售的商品或其领域相关，同时要有一定的流量和人气，可以参考一些知名或成功主播使用的直播平台，或者选择专业或者权威的平台等。

（2）准备直播方案。开始直播前，要准备好直播方案，包括直播的主题、目标、内容、结构、时间、方式等，尽量做到清晰、完整、合理、有序。

（3）尝试直播。可以先选择一些小规模或者低风险的直播场合，然后逐渐扩大或者提高自己的直播规模和难度。尝试直播时，应尽量展示自己的产品优势、专业知识、诚信态度、互动能力等。

（4）不断改进。尝试一定量的直播后，应反馈直播效果和进度，评估是否达到预期目标，是否存在差距或不足，是否需要调整或者改进直播方案。

2. 尝试直播的注意事项

（1）要保持直播的专业性和规范性。尝试直播过程中，要保持直播的专业性和规范性，避免错误和失误，不要违反法律和道德，不要损害自己和他人的利益或声誉。要用专业和规范的语言、表情、肢体动作等进行直播，用正确和合理的信息、数据等支持自己的直播。

（2）要保持直播的活跃性和趣味性。尝试直播过程中，要保持直播的活跃性和趣味性，不要让观众感到无聊或厌烦，避免冷场或尴尬，不要让观众感到失望或后悔。要用活跃和趣味的语言、表情、肢体动作等进行直播，用活泼和有趣的信息、数据等吸引观众的注意。

（3）要保持直播的互动性和亲切性。尝试直播过程中，要保持直播的互动性和亲切性，不要忽视观众的反馈和建议，不要忽略观众的需求和疑问，不要冒犯或伤害观众的尊严和情感。要用互动和亲切的语言、表情、肢体动作等进行直播，用关心和谦和的言语等回应观众的反馈。

2.2　4个重点

2.2.1　讲解与推介

在农产品直播销售过程中，主播的讲解与推介是重点之一。讲解是指主播对农产品的基本信息、特点、优势、食用方法等进行详细说明，让观众对农产品有全面了解。推介是指主播根据观众的需求、喜好、疑问等进行针对性说明，让观众产生购买欲望，发生购买行为。讲解与推介是相辅相成的，缺一不可。

1. 讲解

（1）讲解要有逻辑性和层次性。主播在讲解农产品时，要按照一定的顺序和步骤，如从大到小、从外到内、从整体到细节等，有序讲解。主播可以先介绍农产品的品种、产地、规格等基本信息，再介绍农产品的色泽、口感、营养成分等特点，最后介绍农产品的食用方法、保存方法等细节。

例如，"这些鸡蛋是我们自己养的跑山鸡下的，品质非常好，蛋白很嫩，蛋黄很香，营养价值也很高，富含多种营养元素，对身体有益。你们可以用这些鸡蛋做各种美味的菜肴，煮、炒、煎均可。"

（2）讲解要有真实性和权威性。主播在讲解农产品时，要保证所说的内容是真实可信的，有事实依据，避免使用虚假或夸张的语言，否则会损害自己和平台的信誉，引起观众的质疑和反感。主播可以展示农产品的生产标准、质量检测结果、认证证书、专利证书等相关材料，或者邀请专家、权威人士等进行点评、推荐、见证等。

例如，"这些猕猴桃经过了严格的质量检测和认证，你们可以看到每个猕猴桃的包装上都有一个二维码，扫一扫就可以看到它们的产地、生长情况、检测报告等相关信息，质量有保障。"

（3）讲解要有生动性和趣味性。主播在讲解农产品时，应该使用生动形象、富有感染力、能够引起观众共鸣的语言和表达方式，以增加观众的兴趣和参与度。主播可以用比喻、拟人、夸张等修辞手法描述农产品的特点，或者通过讲故事、笑话、谜语等方式吸引观众的注意力，或者用游戏、抽奖等活动来激发观众的互动性。

例如，"你们看，这些紫薯是不是很像小龙呢？它们都是长长的，有些有弯弯曲曲的尾巴，有些有小小的眼睛和嘴巴，真是太可爱了！"

2. 推介

（1）推介要有针对性和差异性。主播在推介农产品时，要根据不同的观众群体和个体，进行有针对性和差异性的推荐，以满足观众不同的需求和喜好。主播可以根据观众的年龄、性别、职业、身体状况等特征，推荐适合他们的农产品，并给出相应的理由。或者主播可以根据观众对农产品的疑问或反馈，做出针对性的解答或建议，并提供相应的优惠或赠送活动。

例如，"普洱茶是一种非常适合现代人喝的茶品，尤其是上班族，它可以在一定程度上提神醒脑，改善睡眠质量。"

（2）推介要有诱惑性和紧迫性。主播在推介农产品时，要利用一些心理学原理，激发观众的购买欲望和行动力。可以利用稀缺性原理，强调农产品限量、限时、限区等特点，让观众感觉到机会难得，不容错过。也可以利用从众性原理，展示农产品的销量、评价、排名等数据，让观众感受到农产品的受欢迎程度，跟随大众的选择进行购买。

例如，"黑木耳可以做各种美味的菜肴，如凉拌黑木耳、黑木耳炒肉、农家一碗香、鱼香肉丝等，既健康又美味。黑木耳库存不多，我们是限时销售的，下次的采购时间还不确定，喜欢的家人们千万不要错过这次机会哦！"

2.2.2 提问与回答

在农产品直播销售过程中，主播要会提问、能回答。通过提问与回答可以增强观众的信任度，提高观众的购买意愿；还可以显示主播的专业度，提升其影响力。

1. 提问

（1）提问的常见思维与逻辑。主播提问前要做好准备，最好先进行演练，明确提问的目的、对象与内容，这样才能设计出有针对性、有效性、引导性和有吸引力的问题。

1）确定提问目的。主播在提问前，要明确自己想要达到什么目的，是想了解观众的需求或喜好，还是想引导观众关注或购买某种农产品，还是想激发观众的参与热情或兴趣。

2）选择提问对象。主播在提问时，要根据不同的提问目的，选择合适的提问对象。例如，提问是针对所有观众，还是针对某个或某些特定的观众，或者是针对自己或其他人。

3）设计提问内容。主播在提问时，要根据不同的目的和对象，设计合适的提问内容，如开放式的问题、封闭式的问题、选择式的问题等。

（2）提问的常见技巧及应用示例。提问是一种非常需要技巧的沟通方式，尤其是在直播销售过程中，提问不是闲聊，主播要通过提问了解信息、促进销售。

1）用问题圈定选项。提问时，主播可以给观众提供一些选项，让他们从中选择，这样可以增强互动性，同时也是在让观众"强选"。例如，"大家更喜欢白薯还是红薯？喜欢白薯的打'1'，喜欢红薯的打'2'哦！"

2）用问题引导情感。主播可以通过问题引导观众表达情感和感受，进而拉近与观众的距离。例如，"口腔溃疡是不是让人很苦恼？"问完类似问题后，主播便可以引入相关农产品，强调其有预防或缓解口腔溃疡等特点。

3）用问题引出卖点。主播通过询问观众关于农产品的知识，增加观众参与度，同时传递产品信息。例如，"大家知道西瓜中含量最高的是什么吗？"

4）用问题创造紧迫感。主播可以用问题创造紧迫感，促使观众尽快购买产品。例如，"现在下单可以享受限时优惠，你还在犹豫什么？"

5）问题与抽奖相结合。主播可以利用抽奖活动吸引观众参与，并在其中加入产品推广信息。例如，"答对这个问题的人将有机会获得苹果的7折福利哦，问题是……"

2. 回答

（1）回答的常见思维与逻辑。面对观众的疑问，主播要迅速反应，快速回答，理解观众提问的目的，明确自己回答的重点。

1）理解观众的问题。主播在看到或听到观众的问题时，要仔细分析观众的问题是什么，观众想要知道什么，观众的问题背后有什么需求或动机，这样才能给出有针对性和有效性的回答。另外，主播要学会筛选问题，排除没有意义、恶意攻击、负面影响大等类型的问题。

2）组织答案。主播在准备回答内容时，要按照一定的顺序，如从简单到复杂、从表面到深入，避免逻辑混乱。例如，主播可以先确认或重复观众的问题，然后给出自己的回答，并给出相应的理由或证据，同时引导观众进行下一步的互动或购买决策。

3）检验回答。主播在完成回答后，要检验自己的回答是否清晰、准确、完整，是否有说服力和吸引力。如果有必要，可以向观众进行再次询问，了解他们是否满意或有其他疑问。

（2）回答的常见技巧及应用示例

1）简洁明了不拖沓，直击要害说重点。回答问题要简洁明了，抓住重点，用最少的话语传递最重要的信息。例如，观众问："这个苹果是哪里产的？有什么特点？"主播可以回答："这个苹果是××地区产的红富士，特点是甜脆多汁，皮薄肉多，非常适合秋冬季节食用。"

2）灵活变通不死板，千方百计推产品。直播销售时，主播会遇到一些与产品无关或者奇怪的问题，如"你多大了？""你结婚了吗？""你喜欢什么颜色？"等。主播回答这类问题时，不要死板机械地按照固定的话术来说，而要灵活变通，结合自己的风格和情况来回答。既要保持礼貌和幽默，又要引导观众关注产品和主题。例如，观众问："你多大了？你结婚了吗？"主播可以回答："我还没到而立之年，不过我已经找到了我的真爱——就是我手里拿着的这个核桃。"

3）详略得当不概论，针对性强有重点。主播回答问题要有针对性，不要一概而论，要根据产品的特点和功能，以及观众的需求和喜好，给出具体的建议和解答。例如，观众问："山药适合什么季节吃？适合什么人群吃？"主播可以回答："山药是四季皆宜的食材，无论是春夏还是秋冬都可以吃。山药适合所有人吃，尤其是老人和小孩，因为它富含淀粉和膳食纤维，可以补充能量、促进消化。我们可以用它来煲汤、煮粥、炒菜等，都很美味。"

4）感情丰沛不冷漠，真诚热情赢喜爱。主播要用亲切热情的口吻，让观众感受到真诚和关心；要多赞美、善幽默，让观众感受到被尊重，也感受到主播的魅力。例如，观众问："这些榴莲是新鲜的吗？会不会有臭味？"主播可以回答："这批榴莲是刚刚从××（产地）空运过来的，十分新鲜。至于臭味嘛，要看宝宝们的个人口味！喜欢榴莲的，咱这产品就是芳香四溢，吃过口齿留香。不能接受榴莲特殊香味的，咱也别勉强，直播间还有很多美味值得关注！"

5）有因有果讲逻辑，条理清晰不混沌。主播要用有逻辑的语言回答观众的问题，不要乱说胡说；要用事实和数据支撑自己的观点，不要凭空想象或者编造；要用对比和分析等方法讲解自己的产品和竞品的区别，不要盲目夸大或者诋毁。例如，观众问："茶叶是什么品种？跟其他茶叶有什么不同？"主播可以回答："这批茶叶是××（产地）白茶，是茶中珍品。它跟其他茶叶有很多不同之处。首先，它的颜色在清明前都是白色的，非常好看。其次，它的香气是清雅甘甜的，因为它含有较高的氨基酸和芳香物质。最后，它能在一定程度上清热降火等，因为它含有丰富的茶多酚和维生素 C。"

6）有理有据说案例，增长口碑促销售。主播可以在回答问题时分享一些客户的食用心得和评价，借助口碑提高农产品的信誉度和吸引力。例如，观众问："实物和直播间是一样的吗？真那么好吃？"主播可以回答："家人们可以去评论区查看，评论都是真实有效的，买了我们水果的家人，99%以上都给了好评，绝大部分都配了照片，分享了真实的食用感受！"

2.2.3　举证与说服

在农产品直播销售过程中，举证与说服是非常重要的环节，因为直播销售是一种线上销售方式，主播只能通过视频和声音向观众传递信息，观众无法现场检验农产品的品质、品尝其口感等。主播可以通过举证与说服来增加观众的信任感，提升观众的购买欲。

1. 第三方验证法

主播可以邀请第三方人士或机构对主播某种说法的真实性进行验证。需要注意的是，选择的第三方人士最好是某领域的专家或具有一定知名度的人士；选择的第三方机构是具有权威性的官方机构。

例如，主播可以说："亲爱的朋友们，今天我给大家带来的是××地区的特产——米粉，这款米粉很有名气，真正做到了走出地方，闻名全国。今天我特别邀请了××地区的'米粉之王'，也是这款米粉的工艺传承人刘先生和大家连线！大家欢迎！"

2. 数据证明法

主播可以使用真实、有效、具体的信息，来强调农产品的优势、特点和效果。

例如，"家人们，这批荔枝已经卖出去 2 000 多箱，目前好评率达到了 100%！已经冲到了平台水果区的销量前十！顾客的选择就是硬道理，买过的家人们，非常感谢你们的支持！还没出手的家人们，要抓住机会哦！"

3. 案例展示法

主播可以使用自己或他人的亲身经历、感受、评价等，来展示农产品的品质、效果及口碑。例如,"家人们,今天给大家推荐的这种糯米是'××大型美食项目'的合作产品,该糯米甜糯适中、颗粒纤长且饱满,属于糯米中的上品!大家看,这是当时'××大型美食项目'官方的现场采访视频,现场的群众吃了这款糯米制成的食品后,全都赞不绝口!"

4. 现场验证法

主播可在直播条件允许的情况下,对所介绍的农产品的某个特性进行现场验证,以证明其真实性。例如,"大家看好了,我身边就是一台'×××'品牌的农残仪,是专门用来检测农产品农药残留的,现在我随机抽样检测一下……家人们,结果已经出来了,农残仪的检测报告结果显示,直播间卖的苹果不存在农药残留问题,大家买回去正常清洗后就可以安心食用了!"

5. 对比说明法

主播可以把直播间销售的农产品与其他同种类的农产品进行对比,以此来突出直播间所售农产品的优势、性价比等。例如,"我给大家对比一下,大家就懂了……首先是颜色,咱们一般见到的李子是紫红色、青色、淡黄色等比较浅的颜色,我们卖的这款李子是很深的紫黑色,看起来特别漂亮……这款李子没有易裂果、涩味重、不易消化等缺点,它的口感偏脆甜……一般的李子熟透后是软的,容易腐烂,我们这款李子熟透了也是偏硬的,不容易腐烂,更加容易保存。"

2.2.4 排除异议

在农产品直播销售过程中,如果主播不能及时解决观众的异议,就会影响观众的购买决策,甚至导致顾客流失。因此,主播需要掌握一些有效的排除异议的方法,以提高观众的满意度。

1. 直接驳正法

主播可以直接驳正观众的错误说法,表明自己的立场和观点。例如,有观众发表类似于"这应该不是正宗××绿茶""怎么可能那么便宜""我估计是贴牌的"等评论时,主播可以直接驳正道:"家人们,咱们家销售的绝对是正版××绿茶。大家收到茶叶后,可以刮开外包装上的涂层得到专属验证码,一查便知真假!请部分观众不要刻意抹黑直播间，这几位朋友一直进行不友好的发言，已经严重影响我们正常直播了，我会请助理处理，打扰到大家，不好意思。"

主播使用直接驳正法的前提是有观众恶意诋毁直播间产品甚至人身攻击，且性质十分恶劣。使用直接驳正法时，主播要有充分的证据和理由来支持自己的观点，否则会显得傲慢和不专业。同时，也要注意语气和态度，避免过于强硬，不要与观众起冲突。

2. 间接否认法

主播可以使用委婉、含蓄的语言否定观众的异议，避免正面冲突，以缓和的口吻有理有据地让观众接受正确的观点。例如，当观众质疑主播推荐的农产品的品质和价值，觉得产品价格虚高时，主播可以说："谢谢几位哈，你们的发言我都看到了，不管怎么说还是感谢你们对我的关注！家人们，选择我推荐的火龙果，一共有四大理由……"

主播可以尝试转移矛盾，不直接否认观众的观点，只根据观众的观点采用正面的说法进行回应。

3. 转化处理法

主播可以转换观众的观点和态度，让他们从消极变成积极，从被动变成主动。例如，当观众发表"我年纪大了，食补应该也没多大作用了""是啊，还是适合年轻人"之类的评论时，主播可以说："这位姐妹，恕我直言，您这个想法大错特错！谁说年纪稍微大点就不能食补了？年纪大了更要注意健康饮食，而且正是因为年纪大了，代谢不如年轻人，所以才更要注意啊，衣食住行方方面面，都有健康的诀窍。"

转化处理法需要有合理的逻辑和说服力，不能颠倒黑白或夸大事实。主播要谨慎选择转换点，要注意态度诚恳、语气真切。

4. 反问处理法

主播可以通过反问的方式引导观众换个角度思考问题，转移他们的注意力，或者让其他观众回答异议。例如，当观众发表"你这草莓卫不卫生""不会打过很多农药吧"之类的评论时，主播可以直接一口接一口地吃草莓，然后说："家人们，草莓的生长周期短、病虫害少，并不会大量使用农药。而且咱家大棚打扫得特别干净，大家收到后只要正常清洗就可以食用了。如果不卫生、有农药残留，我会这样一口接一口吗？"

主播使用反问处理法时，语气要亲切，态度要诚恳，要避免引起观众的反感和抵触。同时，也要注意选择合适的问题，不能太难或太简单，且与观众的异议有关。

5. 推理处理法

主播可以使用推理、演绎、归纳等方法，总结观众评论或留言的内容，进而解决问题。例如，有观众说："你这菠萝有问题，我家老人吃完就身体不舒服。"主播根据观众说的"菠萝""老人""身体不舒服"等内容进行推理，回复说："这位朋友，你家里老人吃菠萝的时候你应该不在场吧？如果你在现场，你肯定知道菠萝应该先用盐水泡一下再吃哦，这点我们在卖菠萝的时候都是强调过的。家里老人可能不懂，你赶紧送老人去医院检查，如果我们的菠萝有问题，我们负责到底，不会逃避。"

推理处理法需要有清晰的逻辑和结构，不能让观众感觉自己被忽悠或被教训。同时，要在有把握的前提下合理推理，当发现推理方向错误时，要及时停止，不要强行推理，否则容易引起更大的误会。

2.3 4个训练

2.3.1 建立自信训练

直播销售需要主播高度自信，在直播销售过程中，主播面对的不仅是镜头，还有成千上万的潜在客户。要把这些潜在客户变成消费者，需要主播通过流利的语言表达、恰当的面部表情、得体的肢体动作等推介商品。因此，主播要针对建立自信做有效训练。

1. 尝试认识自己

主播要清楚地知道自身的优势和劣势，以及想要达到的目标。要认识到自己的价值和潜力，不要轻视或否定自己。同时，主播也要正视自己的不足，不要逃避或掩盖。只有客观地认识自己，才能更好地提高自己。

具体而言，主播可以制作一张"SWOT"分析表，即"优势（strengths）、劣势（weaknesses）、机会（opportunities）、威胁（threats）"分析表。在表中列出自己在直播销售方面的各项优势和劣势，以及外部环境带来的机会和威胁，更清晰地了解自己的现状和发展方向。

2. 学会肯定自己

主播要经常给自己一些正面的反馈和鼓励，如"我可以做到""我很棒""我很有魅力"等。这样可以增强主播的信心，更加积极和乐观。当然，主播也要接受别人的赞美和肯定，不要过度谦虚或否认自己的成绩。

具体而言，主播可以每天给自己设定一些小目标，并在完成后给自己一些奖励。例如，今天要直播卖出10件商品，并且获得50个好评，完成后我就可以吃一块蛋糕或看一集电视剧等。这样可以提高成就感和满足感，增强动力和信心。

3. 尝试挑战自己

主播要不断给自己设定新的目标和任务，让自己在实践中学习和成长，如尝试新的直播主题、新的直播方式、新的直播节奏等。这样可以拓宽主播的视野，丰富经验，提高主播的能力和水平。同时，主播也要敢于面对困难和失败，不要害怕或放弃。只有挑战自己，才能超越自己。

主播可以参加直播培训班，学习专业知识和技能，与其他主播进行合作或对抗练习，互相学习和切磋。或者参加比赛，与其他主播进行交流或竞争。这样可以让主播接触到更多的信息和资源，提升竞争力和影响力。

4. 适当模仿他人

主播可以借鉴一些优秀直播销售主播的风格和技巧，通过观看直播回放、分析他们的语言和表情、模拟情境等，学习他们是如何展示商品、吸引观众、促进销售的。当然，主播也要保持自己的风格和特色，不要完全照搬或模仿。

2.3.2　克服恐惧训练

直播销售需要主播克服恐惧，因为直播过程中可能会出现各种各样的问题，如观众数量不够、观众反应冷淡、产品质量有问题、网络信号不稳定、竞争对手破坏等。如果主播一直害怕这些情况发生，就会影响直播状态，进而影响直播效果和销售业绩。因此，主播要针对克服恐惧做有效训练。

1. 了解恐惧

主播要明白恐惧是一种正常的情绪反应,要弄清自己恐惧的是什么,并分析恐惧的原因及恐惧的事项可能产生的影响。只有了解恐惧,才能克服恐惧。

具体而言,主播可以写下自己在直播销售过程中遇到过或可能遇到的各种恐惧情境,并给每个情境设定一个分数,表示自己对该情境的恐惧程度。如观众数量不够(5分)、观众反应冷淡(4分)、产品质量有问题(7分)、网络信号不稳定(6分)、竞争对手破坏(8分)等。这样可以帮助主播更清楚地认识自己恐惧的源头和程度。

2. 面对恐惧

主播要勇敢地直面自己恐惧的事情,不要逃避或回避。要用理性和事实战胜恐惧,不要用感情和臆想放大恐惧。例如,主播可以提前做好准备和预案,以应对可能出现的问题和困难。此外,主播要有积极和乐观的心态,不要用消极和悲观的态度否定自己的努力和成果。只有勇敢直面恐惧,才能消除恐惧。

具体而言,主播可以制作一张"风险评估表",对每个恐惧情境进行风险评估,包括该情境发生的可能性、带来的影响、应对措施等。例如,情境为"观众数量不够",可能性为"中等",影响为"直播氛围不佳、销售业绩下降",应对措施为"提前宣传、增加互动、提供优惠等",这样可以帮助主播更理性地分析和处理自己恐惧的事情。

3. 克服恐惧

主播可以通过实践来克服自己恐惧的事情,不要逃避,要积极参与和尝试形式新颖、反馈较好的直播形式,提高自身能力。同时,主播也要复盘自己成功或满意的直播经历,如直播成交情况、直播评价情况、直播收益情况等,这样可以增强信心。

具体而言,主播可以采用"暴露疗法",即故意把自己置于恐惧情境中,以逐渐适应和克服恐惧。例如,故意选择一些观众数量较少或较多、观众反应较冷淡或较热烈、产品质量较差或较好、网络信号较弱或较强、竞争对手较弱或较强的直播环境,以挑战自己的极限和潜能。这样可以让主播更习惯和适应各种直播环境和条件。

2.3.3 语言逻辑训练

主播要用清晰有条理的语言来介绍产品、回答问题、说服观众、促进销售。如果主播逻辑混乱，容易让观众感到困惑或不信服。因此，主播要针对语言逻辑做有效训练。

1. 学会组织语言

主播应按照一定的顺序和结构设计直播的话术，要根据不同的目的和场景选择合适的表达方式，如陈述、描述、解释、比较、举例、推理、总结等。语言应明确、简洁，不应模糊或冗长。

具体而言，主播可以采用"五个"原则，即"五个W""五个H""五个C"等。例如，介绍产品时，可以用"五个W"来回答产品的基本信息，即"who（谁生产的）""what（什么产品）""where（产自哪里）""when（什么时候生产的）""why（有什么特点或优势）"；回答问题时，可以用"五个H"来回答问题的关键点，即"how（怎么做）""how much（多少钱）""how many（多少个）""how often（多久一次）""how long（多长时间）"；说服观众时，可以用"五个C"来回答观众的关切点，即"cost（花费）""convenience（方便程度）""comfort（舒适度）""confidence（信任度）""care（关心程度）"等。这样可以让主播的语言更清晰和有条理。

2. 学会连接语言

主播要用合理、有效的陈述保持直播的连贯性，讲解时不可断断续续，思维也不可过分跳跃。主播要根据不同的关系和需求选择使用适合的词语，如修饰词、转折词、衔接词、提示词等。

具体而言，主播可以坚持"四个S"原则，即"sequence（顺序）、similarity（相似性）、support（支持性）、summary（总结性）"。例如，介绍产品时，可以按照产品的外观、功能、优势、价格等顺序进行介绍；回答问题时，可以用相似或对比的例子进行说明；说服观众时，可以用数据或评价进行支持；结束直播时，可以用总结或呼吁进行收尾等。这样可以让主播的语言更流畅和有说服力。

3. 学会支持语言

主播要用充分、有力的理由和证据来支持自己的观点。应根据不同的对象和主题选择合适的语言材料，如数据、事实、评论等。另外，主播要用客观公正的态度和方法处理直播相关资料，不要用主观或偏颇的态度对相关资料进行歪曲或篡改。

具体而言，主播可以坚持"三个E"原则，即"evidence（证据）""explanation

（解释）""evaluation（评价）"。例如，面对质疑时，主播可以用数据或事实作为依据，说明产品的功能或优势；通过介绍养殖或种植过程说明产品的安全性；最后可以用评论进行总结，说明产品得到了哪些专业人士的推荐或哪些用户的认可等，注意严禁使用国家××领导人推荐、国家××机关推荐、国家××机关专供/特供等借国家、国家机关工作人员名称进行宣传的用语。

2.3.4 回答问题训练

主播要及时、恰当地回应观众的各种疑问和需求，如产品价格、产品质量、产品使用、产品保障等。如果主播不能回答问题，就容易失去观众的信任，甚至影响主播的直播声誉和销售业绩。因此，主播要针对回答问题做有效训练。

1. 学会倾听问题

主播要认真地听取观众提出的问题，不要漠视或忽略；要抓住问题的关键词和核心，不要误解或曲解；要根据问题的类型和难度判断回答的方式和时间，简单问题可以立即回答，复杂问题可以稍后回答，无关问题可以拒绝回答。

具体而言，主播可以使用一些倾听技巧，提高倾听水平。例如，在听取问题时，可以用"重复""确认""澄清"等方式来确保正确理解问题，如"您是想了解这款产品的优势吗？""您想知道这款产品怎么使用吗？""您是问这款产品有哪些售后保障吗？"

2. 学会理解问题

主播要准确地理解观众提出的问题，分析提问的背景和目的，以及问题的影响和意义，然后确定回答内容的依据和来源，如产品手册、产品评测、用户反馈等。

具体而言，主播可以使用一些思维技巧，提高思维水平。例如，在理解问题时，可以用"分类""归纳""演绎"等方法来处理问题。具体的操作步骤是，先把观众提出的问题分为"事实性""评价性""建议性"等类型，并根据问题类型选择回答方式；然后把观众提出的问题归纳为一个主题或一个中心，并根据主题或中心进行回答；最后，将观众提出的问题演绎为一个假设或一个推论，并根据假设或推论进行验证或证明。

3. 学会回答问题

主播应该准确、及时、清楚地用简明有力的语言、礼貌友好的态度、适当巧妙的方式回答观众提出的问题。

具体而言，主播可以使用一些表达技巧，提高回答水平。例如，在回答问题时，可以用"2个P"来保持语言的简洁性，即"point（要点）""proof（证明）"。假设有观众询问产品的优势，主播可以先给出一个要点，如"这批水果最大的优势就是在种植过程中完全没有打农药，坚持使用有机肥，绿色无公害。"再给出证明，如"这款产品通过了国家权威机构的检测和认证，符合国家出口标准。"

另外，主播也可以用"2个Q"来增加语言的互动性，即"question（问题）""quote（引用）"。例如，当观众询问某种蔬菜如何食用时，主播可以反问一个问题，如"您是想知道这种蔬菜的处理方法还是烹饪方法呢？"然后可以引用一个例子或故事，如"我很爱吃这种蔬菜，它的处理方法其实很简单，削皮后浸泡一会儿就可以进行烹饪了，而且煮着吃、炸着吃、炒着吃都非常美味！"

2.4　4个避免

2.4.1　避免绝对化表述

1. 避免绝对化表述的原因

在农产品直播销售过程中，主播要注意避免使用极端词汇，也不可使用法律禁止、平台禁止的绝对化表述。

（1）绝对化表述可能违反法律法规，给主播和平台带来法律风险。绝对化表述最大的问题是涉及"虚假宣传"，《中华人民共和国电子商务法》《中华人民共和国广告法》《中华人民共和国消费者权益保护法》《互联网直播服务管理规定》《网络直播营销行为规范》《网络直播营销管理办法（试行）》等都明确要求，电子商务经营者不得进行虚假宣传。

（2）绝对化表述可能损害观众的合法权益，影响主播和平台的信誉。若主播在介绍产品时使用"最好""唯一""最便宜"等绝对化表述，观众信以为真但随后却发现所购买的产品并不是"最好""唯一"或"最便宜"的，观众会认为主播存在欺骗行为，这对主播和直播间的不良影响是难以估量的。

2. 避免绝对化表述的方法

（1）用数据或者权威认证等代替绝对化表述。例如，"这些××（农产品名）的种植与采摘全过程有严格监控，保证绿色无公害""这些××（农产品名）是经过权威机构检测认证的，有检测证书"等。

（2）对于不确定的内容，介绍时可进行粗略描述。例如，"只要方法得当，这些××（农产品名）至少可以保存 5 天""这些××（农产品名）的维生素 C 含量相对较高"等。

3. 直播时避免使用的句式

（1）这些××（农产品名）是全球/全网/全国首次出售的。

（2）这是唯一/最好/最新/最火/最实惠/最有效/最专业/最正宗/最纯正/最天然/最健康/最安全/最环保/最高端/最奢华的××（农产品名）。

（3）关于××（农产品名），只有我们家有/只有我们家能做/只有我们家能卖/只有我们家能送/只有我们家能保证质量/只有我们家能提供售后服务/只有我们家能给你最低价/只有我们家能给你最大优惠/只有我们家能给你最好的体验。

（4）××（农产品名）一定能治好你的病/一定能让你变美/一定能让你变强壮/一定能让你变年轻/一定能让你变富有/一定能让你变幸福/一定能让你实现梦想/一定能让你走向成功。

2.4.2 避免错误表述

错误的表述会影响主播的专业形象，降低观众对直播间的信任度，甚至可能引发与观众、合作商家之间的纠纷。因此，主播应知悉常见的错误表述类型，并采取相应的措施进行避免和纠正。

1. 常见的错误表述类型

（1）语法错误。语法错误是指主播在使用语言时，没有遵循语言规则，造成句子结构混乱、词语搭配不当、时态语态错乱等问题。例如，"这些××（水果名）是我们自己养殖的，非常甜，你们可以尝一尝"中的"养殖"用在这里属于搭配不当，"养殖"表示培育和繁殖，多用于水产品，此处应用"种植"。

（2）逻辑错误。逻辑错误是指主播在使用语言时，没有遵循逻辑规则，造成论点和论据不一致、因果关系混淆、推理不严谨等问题。例如，"这些××（蔬菜名）是我们自己种植的，所以它一定很新鲜"，这个句子中"自己种植的"和"新鲜"之间没有必然联系。

（3）事实错误。事实错误是指主播在使用语言时，没有遵循事实规则，对商品或服务信息存在误解、夸大、隐瞒等问题。例如，"猕猴桃是水果中维生素C含量最高的"，这个句子中夸大了猕猴桃的维生素C含量。

2. 避免错误表述的方法

（1）提前准备。主播在直播前，应对要销售的农产品进行充分了解，掌握其来源、品质、特点、优势等信息，并根据目标观众和市场情况制定合理的营销策略和话术。主播还应注意查阅相关法律法规和平台规则，避免触碰红线。

（2）注重练习。主播在直播前，应训练自己的口才和表达能力，尽量使用简洁明了、通俗易懂、符合表述习惯的词语和句子，避免使用生僻难懂、容易引起歧义或误解的词语和句子。主播还应多听多说，借鉴其他优秀主播的经验和技巧，不断提高自己的职业水平。

（3）注意反馈。主播在直播时，应注意查看观众的反馈和评价，若出现表述错误，应及时纠正和道歉。主播还应分析观众的需求和意见，及时调整营销策略和话术，提高观众的满意度和信任度。

3. 处理错误表述的方法

（1）主动承认。主播一旦发现自己的表述有错误，应立即停止当前的话题，主动承认自己的错误，并向观众诚恳地表达歉意。不要试图掩盖或者否认自己的错误，以免引起观众的反感和不信任。

（2）适当解释。主播在承认自己的错误后，应适当地解释造成错误的原因，但不要过多地解释或者辩解，以免被认为是推卸责任或者没有担当。

（3）及时转移。主播在对错误进行解释后，应及时转移话题，引导观众关注其他方面的信息，或者通过互动缓解气氛。主播不应过分纠结出现的错误，以免影响后续的直播或引起观众厌烦。

2.4.3 避免随意举证

在农产品直播销售过程中，举证是一种常用的营销手段，可以增强观众的信任感，提高其购买欲。但是举证要遵循一定的原则和规范，不能随心所欲，否则会适得其反。

1. 使用真实、权威的数据

主播在介绍农产品信息时，应使用真实可靠、来源明确、具有权威性的信息和数据，如生产标准、质量检测报告、专利证书、农业研究机构或政府部门发布的数据和报告等，并向观众展示相关证明材料。

2. 使用公正合理的对比

主播在介绍农产品信息时，若需与同类农产品进行对比，应公正客观、有事实依据，并向观众说明对比依据和方法。

3. 分享亲身经历

主播在介绍农产品信息时，应使用自己或者其他观众的真实经历，并向观众展示相关图片或视频等证明材料。

4. 请权威人士证明

主播在介绍农产品信息时，可以邀请权威人士进行点评、推荐、见证等，并向观众展示相关资质或身份证明。

2.4.4 避免冷场

冷场是指直播间的气氛低迷、观众互动少、主播无话可说的情况。冷场会影响主播的形象和信誉，降低观众的兴趣和购买欲，导致直播效果不佳。

1. 开播多问候，展现亲和力

主播在直播开始时，要多展示亲和力，多回应、多问候，这样可以让观众感受到被尊重和重视，增强观众与直播间的黏性。

2. 巧用音乐，活跃气氛

音乐可以使直播间更有吸引力和趣味性，有助于吸引观众留在直播间。主播可以事先准备一些流行且适合直播的背景音乐，营造轻松愉快的氛围。

3. 善于连麦，积极互动

连麦是拯救冷场效果较好的方法，当直播间有冷场迹象时，主播可以尝试与其他主播进行连麦。通过连麦可以扩大直播间的影响力，吸引更多观众的关注。

4. 提前准备，丰富直播内容

除了介绍农产品外，还可以加入其他有趣的内容，如分享生活故事、搞笑小品、讲述农产品背后的故事等，以提升直播的趣味性和吸引力。

5. 聚焦热点话题，吸引观众关注

主播可以适当讨论一些热点话题，如农产品市场动态、农业政策等，利用这些话题吸引更多观众的关注和参与。需要注意的是，主播要以轻松幽默的方式引入热点话题，让观众产生共鸣和兴趣，增加直播的吸引力。另外，禁止讨论敏感话题和不当话题。

6. 多发动态，增加曝光率

主播可以在非直播时段通过社交媒体平台多发动态，增加自我曝光率，以吸引更多潜在观众。直播前，还可以做直播预告，吸引观众的关注。

7. 加强自我管理，提高直播能力

主播平时要加强对自我的管理，提高自己在语言表达、逻辑思考、临场应对、心理建设方面的能力。同时，多做市场调查，关注观众的反馈和喜好，不断改进直播内容，以提升直播间吸引力和观众满意度。

第 3 章
直播开场话术

▶ ▶ ▶

3.1 6种开场句式 /51

3.2 直播开场话术情景演练 /54

3.3 直播开场留人方法 /64

3.1　6种开场句式

3.1.1　宣讲推介式开场句式

1. 欢迎各位家人来到咱们××（品牌）直播间，××（农产品名）皮薄肉厚汁多，食之清凉解暑气。如果想要吃到新鲜美味的水果，就赶快在我的直播间下单吧，数量有限，先拍先得哦！

2. 大家下午好，欢迎观看我的农产品直播间，我是你们的主播××（主播昵称）。今天我要给大家介绍的是我们这里的特产——××（农产品名），都是我们自己种植和制作的，没有添加剂，如果想要品尝到正宗的××（农产品名），就赶快在我的直播间下单吧，我们有各种等级、不同价位供你选择！

3. 亲爱的观众朋友们，你们好！今天我要给大家带来的是我们这里的特产——××（农产品名）。这些××（农产品名）都是我们自己种植的，没有任何添加剂和激素。咱们老话说"一日三餐不可少，一顿一＿＿＿＿＿＿（农产品名）健康好"，如果想要吃到正宗的××（农产品名），就赶快在我的直播间下单吧，我们会用最快的速度送到你们的手中！

3.1.2　直接演示式开场句式

1. 今天我要给大家演示的是我们这里的新鲜水果，都是刚从果园采摘的。你们看看我手里拿着的这个苹果，不仅红润饱满，而且香气浓郁、味道清甜，吃起来爽口解渴。我现在就咬一口，你们听听这个声音，（咬苹果声）哇，你们听到了吗？非常脆且多汁。现在开场福利，数量有限，先拍先得哦！

2. 我们的核桃是薄皮核桃，你们看我用手轻轻一捏，就能听到清脆响亮的"咔嚓"声，不用工具不费劲，核桃仁完整无损地露出来了！闻一下，香气扑鼻；吃一口，口感酥脆细滑，味道香甜清新，让人吃得停不下来！

3. 今天我给大家带来一款非常受欢迎的茶叶，就是我们××地区的特产——××（茶叶品种）！这些茶叶都是从我们当地的茶园里采摘的，经过精心制作，呈现其独特的风味和品质！我现在给大家展示一下我们的××（茶叶品种）有多么香醇美味，（用茶壶冲泡一壶，然后倒入茶杯）可以看到茶水呈金黄色，（品一口）嗯！清香扑鼻，真的很好喝，茶味浓郁醇和，茶香持久回甘，让人心旷神怡！

3.1.3　自卖自夸式开场句式

1. 买××（农产品名），认准××（品牌），绝对的正宗好货，口感细腻、入口香滑。咱们家不仅产品有保障，品控也非常严格，大家可以放心下单！

2. 我们的××（农产品名）都是高品质高颜值，品控非常严格，绝对让您看了爱不释手，吃了赞不绝口，而且今天还有独家秒杀和满减活动，真的是"白菜价"，而且这个品牌的口碑非常好，大家可以查看评价，客户的反馈最有说服力！

3. 咱家如果口碑不好，产品销量和评价能在行业内遥遥领先吗？咱家如果品质不过关，客户满意度和好评率能在同行中名列前茅吗？咱家如果服务不周到，回头客和复购率能在竞争中占据优势吗？咱家如果技术不突出，品牌影响力和市场号召力能在行业内遥遥领先吗？买××（农产品名）必须来咱家试试！

3.1.4　福利促销式开场句式

1. 价甩质不甩，必有你最爱！直播间的宝宝们，今日大优惠，直播间亏本大降价！降！降！降！降到最低价！减！减！减！减到最低点！仅限本场直播！买到就是赚到，错过就是损失！想要福利的在公屏跟主播互动起来，主播马上给大家带来开播福利啦！

2. 喜迎××节（节日名），欢度××节（节日名），双节同乐，直播送福！家人们，双节狂欢，豪礼派送，全天不停！无限精彩，尽在××（直播间名）直播间！××（农产品名）的限时折扣仅限本场活动，错过这场，就不会再有这个价格啦！大家要抓紧时间哦！

3. ××（农产品名）能在一家买齐，就不要跑好多家店，"焕新季"活动仅剩×（剩余时间）天！哪里有什么选择困难，只不过是没遇见无可取代！来××（直播间名）

直播间，带走你的无可替代！带走你的有滋有味、健康绿色好食材！

3.1.5　试验比较式开场句式

1. 朋友们放心吧，直播间卖的产品都是咱家试吃对比过的，咱家和其他家的××（农产品名）在外观、口感上都有非常明显的差别。另外，咱家产品有权威机构的检测，可以进入官方网站进行查询验证，咱们工厂就在××（地址），也可以来现场试吃，实地感受我们的优质农产品。

2. 朋友们，5元1斤，只要5元1斤。给你们比较看看，这是我从市面上花8元1斤买的，个头小、口感酸，在我的直播间，用更低的价格带回去的是什么？带回去的是清爽口感、是天然健康、是咱们直播间严选的好××（农产品名），是次次满意的好体验！

3. 欢迎家人们准时来到××（直播间名）直播间，我带大家看一下咱们××（品牌）车间的实景，每一个进入农产品加工生产岗位的工人都做了全身消毒，车间环境也是无菌封闭的！而且你们现在看到的这个车间，正在试验比较不同配比的产品之间的差别，以便生产出口感更加优质、营养更加均衡的产品。

3.1.6　故事讲解式开场句式

1. 感谢各位的厚爱，在周五晚上准时观看我们的直播间，今晚开场先不带货，先给大家讲一个小故事，是一个关于××（故事主题）的故事，是我的亲身经历哟！

2. 家人们，下午好！我从小就喜欢吃××（农产品名），但是离开家乡后总是买不到好吃的××（农产品名）。有一天，我在网上看到了××（品牌）的××（农产品名），那个时候觉得他们的广告词夸张，就买来试了下，结果发现超级好吃，吃起来口感细腻，甜滋滋但又不腻，我觉得这么好的产品一定要分享给大家。

3. 刚开播，今天我要先给大家出一个难题，你们看到我手里拿的这个××（农产品名）了吗？它的重量是多少呢？大家快来猜猜吧！其实这个××（农产品名）的重量是23斤。这个品种的××（农产品名）克重大，甜度超高。你们想尝尝吗？那就持续观看咱们的农产品直播，抓紧时间下单吧！

3.2 直播开场话术情景演练

3.2.1 宣讲推介式开场情景演练

1. 直播情景再现

某农产品直播间正在热卖五谷杂粮，主播小梦拿起一款品牌红豆，向观众们热情地介绍和展示。直播间观众非常热情，不停地询问主播与红豆有关的问题，有人问红豆能否降血压，有人问经常吃红豆是否有助于减肥，有人问直播有没有优惠活动……

2. 直播公屏分析

（1）不少观众关心红豆对健康的影响，说明对红豆的营养价值非常关注，主播可及时与观众互动，介绍红豆的营养成分。

（2）观众询问这款红豆的食用情况，主播可列举身边真实的例子来推介产品。

（3）观众关注优惠活动，说明已有下单想法，主播要尽快回应观众，促成下单。

3. 互动演练

> 主播：晚上好，欢迎各位来到我们××品牌直播间，买健康五谷杂粮还得看××（品牌）官方授权的直播间，今天呢，主播给大家准备了非常多的好礼，大家千万不要走开！
>
> 公屏1：都有啥？
>
> 主播：咱们今天有一款热卖农产品——红豆，重磅来袭，除此之外，还有黑豆、绿豆、花生等，无论你是我们××（品牌）品牌的老粉，还是新粉，今天一定要待在咱们直播间持续观看。记得关注直播间，咱们今天全场都有折扣，而且部分产品直接半价！如果错过了今天的优惠活动，很难再用这个价格买到这么好的农产品咯！
>
> 公屏2：产品还蛮多的！

公屏3：快介绍红豆，一直想买，终于等到活动啦。

主播：这个品牌大家都很熟悉吧，经典国货！咱们这可是屹立不倒的农产品"战斗机"品牌！我手上这款热卖品红豆，我一直在坚持吃，镜头老师，请给我的碗一个特写镜头，红豆熬煮成这样的糊状真的特别软糯香甜。

公屏4：经常吃红豆有助于减肥吗？

主播：减肥是很多人的理想，主播想说多吃红豆能减肥这个说法是没有科学依据的，实话实说是我一贯坚持的风格。红豆富含蛋白质、膳食纤维、维生素、矿物质等多种营养物，能在一定程度上润肠通便，而且红豆的饱腹感较强，是辅助减肥的好食物！要想真正减肥，健康饮食、合理运动必不可少！

公屏5：杂粮是好东西！

……

4. 互动注意事项

（1）主播不要一直机械地强调产品有多么好，要结合具体数据、具体案例向观众推介产品。

（2）主播要有理有据地将产品的卖点、优点介绍清楚，切忌没有逻辑、颠三倒四。

（3）推介产品一定循序渐进、条理清晰，吸引观众兴趣后再引导其下单，不要忽悠观众，要让观众觉得下单是一件愉快、划算的购物体验。

3.2.2 直接演示式开场情景演练

1. 直播情景再现

某农产品直播间正在销售一批优质西瓜，主播小花在为观众介绍西瓜的品种、产地、重量等信息，直播间观众虽然不少，但是互动人数和下单量却不多。为改善这种局面，小花决定用一种新颖的方式来吸引观众的注意力，小花一边演示一边给观众介绍这种西瓜的卖点，包括水分、甜度等。

2. 直播公屏分析

（1）当直播间人气高但是下单成交率不高时，主播要迅速调整方法，可以利用演示技巧活跃气氛，促成直播间的成单。

（2）观众对主播演示的内容感兴趣，主播的介绍和演示要直接且自信，这样能营造良好的开播气氛。

（3）直播间关注西瓜品质、价格等信息的观众较多，主播在演示的同时要注意对西瓜的基本信息进行介绍。

3. 互动演练

主播：欢迎大家进入直播间，今天小花给大家带来了一批超级好吃又好玩的大西瓜！这种西瓜是××（品种）哦！产自××（产地），每个都是精挑细选的大个头！

公屏1：主播下午好。

公屏2：这西瓜看着还行。

主播：欢迎刚来直播间的朋友！小花今天要给大家演示一些西瓜的花式切法，想学的别走开，也可以拿出小本本记好哟！

公屏3：怎么切？

公屏4：想学！

主播：我们需要将西瓜对切，大家看到了吗？西瓜的内部呈现出诱人的红色，让人垂涎欲滴！接下来，将西瓜果肉切成各种新颖的形状。你可以选择将它切成心形、花朵形、星形等，发挥你的创造力！

主播：当然，如果你觉得这样太难，也可以简单地将西瓜切成块状或者片状，保持自然的美观。再将这些切好的西瓜，摆放在一个漂亮的盘子里。可以加上一些其他水果如葡萄、蓝莓作为点缀，大家看，这一整盘水果是不是很诱人？

公屏5：哇，原来如此！

公屏6：学起来不算难。

公屏7：西瓜甜吗？

主播：咱家西瓜不仅水分含量高，而且甜度也很高，可以达到12度以上！你们看，我用这个测糖仪给大家测一下，这个西瓜的甜度是12.5度！

公屏8：主播还挺专业的嘞。

4. 互动注意事项

（1）主播做各种演示前，要提前做好准备工作，确保切刀、测糖仪等能正常使用。

（2）主播在展示花式切西瓜时，要注意展示一些简单易学易操作的技巧，不要因为难度太大，让观众失去观看兴趣。

（3）主播在演示花式切西瓜后，不要忘了给观众讲解西瓜的卖点，要尽快介绍甜度优势，把留下来的"观看者"变成"消费者"。

3.2.3 自卖自夸式开场情景演练

1. 直播情景再现

某农产品直播间正在热卖一款柠檬，主播小黄开场便"自卖自夸"，通过向直播间观众略带炫耀地展示自己健康的皮肤状态，引出本场直播推荐的产品——柠檬。面对公屏上带着好奇、羡慕、怀疑等各种情绪的弹幕，小黄并不紧张，而是专注于介绍产品，最终，这场直播的销量非常好。

2. 直播公屏分析

（1）公屏上有表示好奇、羡慕的弹幕，说明有部分观众对柠檬的功效和作用感兴趣，主播可趁机多介绍这款柠檬的营养价值和食用方法，让观众对柠檬更加了解。

（2）公屏上有表示质疑的弹幕，说明有部分观众并不相信主播好的皮肤状态是柠檬的功劳，主播可结合自身亲身经历进行解释和回应。

3. 互动演练

> 主播：家人们，今天给大家带来主播的美白神器——柠檬！
>
> 公屏1：哇，柠檬！
>
> 公屏2：我喜欢喝柠檬水！
>
> 主播：家人们，你们看看我手里这个，这就是我今天要给大家推荐的××（柠檬品牌）品牌家的新鲜柠檬！这个柠檬是我从××（产地）挑选回来的，无农药残留，品质有保证。你们知道吗？柠檬可是我健康美丽的秘密武器呢！
>
> 公屏3：什么秘密武器？

公屏4：主播你在吹牛吧？

主播：家人们，这款柠檬我已经坚持食用了一年多，我认为它让我的皮肤更透亮健康了！当然，个体存在差异，这点仅给大家作为参考哈。柠檬是一种富含维生素C的水果，它可以生津、祛暑，长期食用有助于皮肤白皙透亮！

公屏5：哇，原来如此！

公屏6：主播你是怎么吃柠檬的啊？直接咬吗？不酸吗？

主播：家人们，其实吃柠檬有很多种方法的，不一定要直接咬哦！我每天都会用柠檬泡水喝，既可以补充水分，又可以解渴去火。

主播：当然了，如果你喜欢酸甜可口的柠檬味道，用柠檬做果酱、果冻、果汁也都是很不错的选择。

公屏7：我就爱喝酸的。

公屏8：可以可以，方法还蛮多。

4. 互动注意事项

（1）自夸式开场要注意分寸和尺度，不要过分自夸，以免引起观众反感。

（2）自夸时间不能过久，不要消耗观众耐心，要及时将话题重心转移到介绍农产品上。

（3）主播要真诚待人，诚信经营。面对观众的质疑，要有理有据地解释和回应，同时注意仪态、表情和语气，不要用偏激的方式解决问题。

3.2.4 福利促销式开场情景演练

1. 直播情景再现

某农产品品牌官方直播间正在热卖几款红薯，正值春节前夕，主播小莉正在介绍福利活动。直播间观众一边看直播一边踊跃发言，他们对红薯的营养价值、食用方法、优惠力度等非常感兴趣。

2. 直播公屏分析

（1）直播间观众大多会关注红薯的促销活动，直播开场要直接、快速吸引观众的兴趣。

（2）关注红薯优惠力度的观众可能有购买意愿，主播要详细解释清楚促销活动的规则和具体参与方式。

（3）开场采用福利促销的方式，一定要引导观众积极互动，要把福利和互动紧密结合，尽快使直播间的气氛"热"起来。

3. 互动演练

> 主播：直播间的家人们，大家好！欢迎来到××（品牌）官方直播间！
>
> 公屏1：主播好！
>
> 公屏2：买年货咯！
>
> 主播：各位家人们想必都在准备年货吧，那大家来我们直播间真是来对地方了！今天有神秘福利哦！
>
> 公屏3：什么福利？
>
> 主播：大家都知道我们的农产品非常新鲜，大家平时都很喜欢，所以呢，这次我们挑选了销量前三的红薯，组成了红薯大礼包，让大家一次买好，一次买够，一次满足！
>
> 公屏4：我就想知道什么价格！
>
> 主播：好的，麻烦大家在公屏发一发弹幕，等直播间热度冲到10万的时候，我们马上开始特价售卖红薯大礼包！限时1小时，前20分钟内下单的，5折！中间20分钟内下单的，6折！最后20分钟内下单的，7折！
>
> 公屏5：666！
>
> 公屏6：冲冲冲！
>
> 主播：家人们给力点！热度到10万，马上上链接开抢，不过提醒大家，由于活动火爆，每个账号最多只能下单3件哦！还请大家理解。
>
> 公屏7：快快快！马上10万热度了！
>
> 主播：好的家人们，正好马上是整点，时间一到，立刻开抢！
>
> 公屏8：我要抢3件！
>
> ……

> 主播：恭喜已经成功下单的家人们！福利活动只限今天，只在直播间有！错过今天，错过本场直播，机会不再有！今天开播就给大家送福利，机不可失，时不再来！还在犹豫的家人们要把握机会哟！

4. 互动注意事项

（1）促销要先告诉观众具体的活动时间，不要消耗观众的耐心。

（2）主播要介绍清楚促销活动的规则和具体参与方式，不要采取不易参与、不便理解的促销方式。

（3）主播不要一次性把所有优惠活动说完，要循序渐进，逐步满足观众的需求。

3.2.5　试验比较式开场情景演练

1. 直播情景再现

某农产品直播间正在销售特级干香菇，主播小梅一边为大家介绍自家香菇的种植环境和采摘工艺，一边拿出市面上的普通香菇和自家香菇进行对比，观众看到主播的对比结果后，一些观众立马有了下单意愿，而有一些观众则对主播的比较存有疑问，怀疑主播的公正性，有的观众甚至质疑主播的香菇是否真的是自家种植。小梅对公屏上的各种问题从容不迫地进行了回复。

2. 直播公屏分析

（1）被种植环境吸引的观众，应该是对香菇的品质比较感兴趣，主播要设计有特色的讲解内容，尽快提升开场成交量。

（2）对于质疑香菇比较结果的观众，主播可以通过相关证书、视频、客户评价等进行证明。

（3）对于质疑比较公正性的观众，可能是对网络购物平台缺乏信任，主播要把握好节奏，适当进行解释，循循善诱，消除观众的疑虑。

3. 互动演练

主播：大家好，我是小梅，欢迎来到我的农产品直播间！今天我给大家带来一款特级干香菇，这可是咱们××（产地）的特产哦！

公屏1：特级干香菇？有什么特别吗？

公屏2：我喜欢吃香菇，但是市面上香菇的品质参差不齐！

主播：那你们就要看好啦！咱们家这个特级干香菇选用的是纯天然、无污染、没有添加任何化学物质的香菇，采摘后经过精心挑选、清洗、烘干等多道工序制成，保证每朵干香菇都肉质饱满、色泽均匀、无虫蛀、无霉变、无异味！

主播：你们看这个是咱家的特级干香菇，每一朵都大大圆圆的，摸起来手感很好。而这个是市面上的普通干香菇，你们看它的大小和厚度完全不能和咱家的相提并论，还有断裂和变色的，这就是品质上的差别。

公屏3：哇，真的好大好厚啊！

公屏4：看起来确实不一样。

主播：给你们看一下泡水后的效果吧！我提前用清水泡了两碗干香菇，这边是咱家的特级干香菇，这边是市面上的普通干香菇。咱家的干香菇泡水后基本恢复了原来的形状和大小，非常饱满。而普通干香菇泡水后仍然很小很软，还有些碎屑和杂质。

公屏5：看着就想吃！

公屏6：这个泡水后的对比太明显了！

主播：此外，咱家的特级干香菇保留了香菇特有的香气，能给菜肴增加鲜味，而这个普通干香菇几乎没有什么香味，这就是风味上的差别！

公屏7：真有你说得这么夸张？

公屏8：你这对比公平吗？

主播：××宝宝，你是不是来得晚，没看到主播的操作，来，现在大家点赞到一万，主播再给你们开一包咱家的干香菇和一包普通的干香菇，重新泡发后对比给大家看！绝对不夸张、不作假！

公屏9：是你们自己种的吗？

主播：是的，都是我们自己种植的，我们在××（产地）种植香菇，这里被誉为天然氧吧，空气清新，水质纯净，土壤肥沃。我们用无公害的方式种植香菇，如果有感兴趣的家人可以来咱们这儿实地参观！可以看下我身后大屏的画面，这个就是录制的种植地的视频，环境真的很美！

公屏10：上链接！

主播：真香飘千里，好吃不虚传！也请家人们多多推荐给身边的亲朋好友，可以找客服要推荐码，推荐有礼活动详询客服哦！

4. 互动注意事项

（1）主播要注意在进行比较时，不要使用夸张或虚假的表演，太过浮夸可能会损害主播的信誉。

（2）主播进行现场展示的时候，要注意说与做的结合，不要只展示不讲解，不要冷场。

（3）主播做完对比展示后，一定要及时关注公屏内容，不要忽略观众的反馈和提问，要及时回应解答。

3.2.6 故事讲解式开场情景演练

1. 直播情景再现

某农产品直播间内，主播小宇一开播就在跟观众们聊天，他跟观众聊小时候在葡萄架下讲故事的童年记忆，在他的描绘中，很多观众都感受到了主播年少时的纯真和快乐。大家被小宇的故事和情感所吸引，直播间的人气在不断攀升。

2. 直播公屏分析

（1）很多观众会因为主播的故事而对葡萄产生兴趣，这种兴趣是销售转化的因素之一。

（2）讲故事可以增加观众的情感投入，还可以拉近主播与观众的距离。

（3）用故事、用情怀吸引观众，说明农产品相关的朴实故事是能打动观众的。

3. 互动演练

主播：大家好，我是小宇，欢迎来到我的直播间！好久不见，最近忙于装修新的直播间，有段日子没见大家啦，大家想我了没？

公屏1：好久不见！小宇。

公屏2：终于又见面啦！

主播：今天我要给大家介绍一种非常特别的农产品，那就是葡萄！

公屏3：葡萄？听起来很普通啊。

主播：不不不，你们可别小看我推荐的这款葡萄哦！它可不是在市面上能随便买到的，它是我们自家种植的特级葡萄！

公屏4：特级葡萄？有什么特别的吗？

主播：有啊，有很多特别的地方。你们知道吗？我小时候最喜欢做的事情就是跟小伙伴们一起在葡萄架下讲故事。那时候我家有一个很大很大的葡萄架，每年秋季上面都结满了葡萄。我们每天放学后就跑到葡萄架下，摘一串自己喜欢的葡萄，一边吃一边讲故事。有时候我们讲自己编的故事，有时候我们讲爷爷奶奶告诉我们的故事，有时候我们讲书上看到的故事。我们讲得天花乱坠，笑得前仰后合。那些故事就像那些葡萄一样，在我们心里留下了深深的印记。

主播：儿时是我一生中最快乐的时光，也让我对葡萄留下了深深的记忆。现在虽然离开了家乡，但我依然保持着对葡萄的热爱。所以，我跟我的合作伙伴在××（产地）种植了这款特级葡萄，用优质的种子、天然的肥料，经过科学的管理、精心的采摘、严格的筛选、安全的包装，给大家带来无与伦比的美味和健康！

公屏5：哇，听起来好棒啊！

公屏6：你们的葡萄有什么特点啊？

主播：首先是颜色，我们的葡萄有紫色、绿色、红色等多种颜色；其次是形状，有圆形、椭圆形、圆柱形等多种形状；再次是大小，有大粒、中粒、小粒等；最后是品质，咱家葡萄经过严格检验和分类，保证每一颗都新鲜、完整、干净、无虫害。不同品相的葡萄，其口感、肉质等均有所不同。

公屏7：看起来好诱人啊！

农产品直播口才训练

> 公屏8：你们的葡萄怎么保存啊？运输途中会不会坏掉啊？
>
> 主播：家人们，放心吧，我们的葡萄采用先进的冷链物流运输，从发货到收货，都保持适宜的温度和湿度，能保证葡萄的新鲜度和品质。如果您收到的葡萄有任何问题，我们会为您解决。

4. 互动注意事项

（1）主播在讲述故事时要有目的性，不要偏离主题或者拖沓冗长，要能引起观众的共鸣，要用真诚打动观众。

（2）主播要注意控制故事的节奏和情绪，不要让观众感到无聊或压抑。

（3）主播的最终目的是销售，讲完故事后应尽快切入正题，介绍卖点和优势，引导观众下单。

3.3　直播开场留人方法

开场是直播的第一步，也是留住观众的关键时刻。直播开场的方法有很多，主要可以归纳为事实留人、利益留人和互动留人。

3.3.1　事实留人

事实留人是指通过展示农产品的数据、案例等事实，让观众对产品产生兴趣，从而留在直播间。事实留人的方法有以下4个。

1. 用数据说话

数据是最有说服力的证据，主播可以用一些具体的数字来展示农产品的品质、销量、评价等，让观众感受到产品的可信度和价值。例如，"这款蜂蜜是我们自产自销的，每天只能采集不到10斤，已经卖出了5 000瓶，好评率高达99.99%。"

2. 用案例说话

主播可以用一些真实的食用反馈案例来展示农产品的效果和口碑,让观众感受到产品真实的食用评价。例如,"这款茶叶是我最爱喝的,每天早上一杯,清香提神,我已经喝了半年了。"

3. 用对比说话

主播可以用对比、试吃等来展示农产品与其他同类产品的差异,让观众感受到产品的独特性和竞争力。例如,"这款苹果是我们专门从××运过来的,你们看这个对比,左边是市场上常见的苹果,右边是我们的苹果,颜色、大小、光泽都不一样,我们的苹果更红、更大、更亮。你们看我现在削的这个苹果水分相当足;你们听我咬这个苹果的声音,咔嚓咔嚓的,十分新鲜。"

4. 用悬念说话

主播可以用一些暗示、预告、问答等来制造悬念,让观众对产品产生好奇,从而留在直播间。例如,"这款土豆是我们今天直播的重头戏,今天主播来教大家制作10个土豆快手菜。做法简单、美味好吃,你们可以猜猜有哪些美食做法?答对有奖哦。"

3.3.2 利益留人

利益留人是指通过农产品的优惠、福利等活动,让观众对农产品产生购买动机和欲望,从而留在直播间。利益留人的方法有以下5个。

1. 用折扣说话

折扣是直接的利益诱惑方式,主播可以通过打折、满减、秒杀等方式,让观众感受到优惠的力度和实惠的价格。例如,"这款核桃是我们今天直播的特价商品,原价99元1斤,现在只要49元1斤,半价秒杀,只限今天,错过就没有了。"

2. 用礼物说话

送礼物是直观的利益回馈方式,主播可以准备一些礼物作为额外福利,通过赠品、红包、抽奖等方式给观众制造惊喜。例如,"这款葡萄是我们直播间今天的赠品,买1

斤樱桃，就送 1 斤葡萄，多买多送，限量赠送 300 斤。而且下单还能参与我们的幸运抽奖，有机会赢取实物礼品、现金红包等。"

3. 用限量说话

限量是比较有效的营销方式，主播可以使用库存量证明产品较少，通过限制购买时间、名额等方式营造紧迫感。例如，"这款香蕉是限量商品，只有 1 000 根，每根都是精挑细选的大号香蕉，每根都有自己的编号和证书……现在只剩最后 100 根了，赶快下单哦。"

4. 用保障说话

保障是基本的利益保证，主播可以通过提供售后服务、退换货服务、保质等，让观众对直播间和农产品放心。例如，"这款是我们自己养殖的土鸡下的鸡蛋，每枚鸡蛋都经过严格的检测和消毒。如果你收到的鸡蛋存在破损、变质、异味等问题，我们提供免费退换货服务，并且做出 10 倍赔偿。"

5. 用分享说话

分享是易实施的利益扩散方式，主播可以通过邀请、转发、互动等方式宣传推广农产品。例如，"这款橙子是我们今天分享的商品，每邀请一个好友进入直播间，并成功下单购买橙子，邀请人就能得到 5 个橙子作为奖励。此外，转发直播间到微信朋友圈，所有好友可见哦，并截图发给客服，我们会额外赠送 5 个橙子。"

3.3.3 互动留人

互动留人是指通过与观众进行沟通、交流等，让观众对主播产生认同感和好感，从而留在直播间。互动留人的方法有以下 5 个。

1. 用问答说话

问答是常见的互动方式，主播可以通过提问、发起投票等方式引导观众参与直播，让观众感受被关注和尊重，也让观众对相关农产品有更深入的了解和认识。例如，"这款辣椒是我们今天直播的主打商品，它有一个特殊的名字，大家猜猜叫什么？A. 天椒 B. 魔椒 C. 鬼椒 D. 火椒。快来评论区回答吧，答对有奖哦。"

2. 用赞美说话

赞美是简单的互动方式,主播可以用夸奖、感谢、称赞等方式来表达对观众的肯定和喜爱,让观众感受到主播的热情和友好,也让观众对主播有更好的印象。例如,"今天的评论区好热闹,非常活跃,我真是太感动了,你们都是我的小天使,我爱你们。这位小姐姐刚刚购买了我们的玉米,感谢支持,我要给她送上一个大大的拥抱和一个大大的赞。"

3. 用故事说话

讲故事是有趣的互动方式,主播可以通过分享一些与农产品有关的趣闻、轶事或与自己相关的经历等让观众感受到主播的真诚和幽默。例如,"大家都知道花生可以做菜,也可以作为一种零食,吃起来很美味,俗称'长生果''小人参',并且和黄豆一样被誉为'植物肉''素中之荤',咱家花生每年收成都不错,但是由于销售渠道不畅,很多人都不知道咱们家的好花生,现在有了线上销售,我们的农产品可以直接加入电商平台,越来越多的家人对于咱们这种质量优良、口感鲜美的花生非常喜欢,回头客也非常多,非常感谢各位家人的互动支持!"

4. 用挑战说话

主播可以通过游戏、竞赛等方式激起观众的好胜心和参与感,也让观众对产品有更多的期待。例如,"这款西瓜是我们今天直播的惊喜商品,你们看这个西瓜,又大又圆,每个西瓜都在15斤以上,是我们专门从××(产地)运过来的。现在跟大家做一个挑战,如果大家今天能在直播间点到30万赞,我就抽5位幸运儿赠送大西瓜。你们要不要参与这个挑战呢?"

5. 用共鸣说话

主播可以通过分享自己或者其他人与农产品相关的经历,使观众对主播和产品产生认同。例如,"2010年,我从农大毕业,和几位志同道合的小伙伴回到我的家乡创业,我们坚持以保护环境为目的,同时发扬传统农业的精神,坚持不用任何化学肥料、农药等。这些年来,小伙伴变成了老伙伴,不变的是我们的初心和农产品质量。如果你们也支持绿色生态,可以在直播间多多点赞,多多互动哟!"

第 4 章
直播推介话术

▶ ▶ ▶

4.1 3个要点 /71

4.2 3种句式 /74

4.3 直播推介话术情景演练 /75

4.1　3个要点

4.1.1　利益

利益是指购买农产品给观众带来的实际好处,让观众感受到购买农产品的必要性。主播可以介绍直播间的福利商品、折扣优惠等,以及赠品、售后服务等,使观众感觉购买农产品是一种乐趣,而不是一种花费。常用的利益推介方法如下。

1. 砍价

砍价是比较好的互动方式,主播可以通过与观众砍价进行互动,在活跃直播间气氛的同时,增加观众对农产品的兴趣。例如,"这款花生,原价29元1斤,今天在我们直播间只要19元1斤。如果大家还是觉得贵,没关系,我们可以议价。大家可以在评论区告诉我希望的价格,只要合理,我们都可以接受。我们不怕砍价,就怕你们错过这么好的产品。"

2. 团购

团购是比较好的营销方式,主播可以通过"老带新"、拼团等方式提高农产品的销量。例如,"这款香蕉是我们今天的团购商品,原价19.9元1斤,现在团购惊爆价6.9元1斤,5人成团,大家快快邀请自己的亲朋好友来参加团购吧。"

3. 返利

返利有时可以较好地刺激消费,主播可以通过返现、返券等方式带动直播间其他农产品的销售。例如,"这款大米是我们今天的返利商品,原价59元1袋,现在只要49元1袋,已经很实惠了。如果现在下单,我们再给你返10元的优惠券,可用于购买直播间其他商品,而且这个优惠券没有使用期限和使用条件。这款大米不仅能让你吃得好、吃得饱,还能让你省了又省。"

4. 搭配套餐

主播可以将多种农产品组合起来，搭配成套餐进行销售，方便观众购买，提高直播间的销量。例如，"这款蘑菇原价19元1斤，现在只要15元1斤。此外，我们还精心搭配了一个套餐，包括1斤青菜、1斤豆腐、1斤猪肉，只要10元。大家想想，这样的套餐能做多少道菜啊，简直是超值又省心。"

5. 抽奖活动

主播可以通过整点截屏、砸金蛋等方式抽奖，调动观众购买农产品的积极性。例如，"这款桃子原价29元1斤，现在只要19元1斤，已经很便宜了。如果现在下单还可以参加直播间的抽奖活动，今天凡是在直播间购买桃子的观众都有一次抽奖机会，如果想多抽几次，可以让你的家人用不同的账号来咱们直播间购买桃子哦！"

4.1.2 演示

演示是指通过展示农产品的品相、包装等，让观众在感官上对农产品有一定认知，演示可以提高观众的兴趣，让观众看到产品的整体情况。主播可以选择合适的场景和角度来展示农产品，让观众看到农产品的颜色、形状、大小等特征。常用的演示推介方法如下。

1. 展示

展示是基本的演示方式，主播可以使用展示架、转盘、放大镜等工具农产品及其相关细节。例如，"大家看这个展示架，摆满了饱满又新鲜的'小金豆'，它们是今天的特价精品——黄小米。"

2. 切割

切割是直观的演示方式，主播可以使用水果刀、削皮器、榨汁机等对农产品进行初加工，展示农产品的细节，演示农产品的食用方法。例如，"现在我准备切开一个西瓜，你们听入刀的声音，特别清脆，说明瓜皮很薄。我切开给大家看一下，果肉又红又多汁。"

3. 品尝

对于部分农产品而言，主播可以现场品尝，并与观众分享产品的口感。例如，"我来尝一下这个桃子，（咬一口）果肉甜软，汁水充足，非常好吃。"

4. 对比

对比是具有视觉冲击力、有说服力的演示方式，主播可以通过对比图、对比视频、对比实验等来展示农产品的优势及其与其他同类产品的区别，让观众知晓直播间所售农产品的独特性和竞争力。

4.1.3 证明

证明是指通过提供权威的数据、资料、证书等，让观众对农产品有更客观的认识，专业的证明材料可以增加观众对农产品的信心。常用的证明推介方法如下。

1. 来源证明

主播可以通过展示农产品的产地、种植方式、加工方法等证明所售农产品是无污染的、安全的。例如，"这款茶叶是我们今天直播的高端商品，产自中国著名的茶叶之乡——××（产地）。你们看这个视频，这是我们去××（产地）实地拍摄的，可以看到这里秀丽的风光，肥沃的土壤，这些茶叶就是在这样的环境中生长的。我们只采摘最嫩最鲜的茶芽，没有任何残枝和杂草。"

2. 品质证明

主播可以根据相关标准，通过相应的检测、认证等来证明农产品的品质，让观众对农产品更放心。例如，"这款牛奶是我们今天直播的优质商品，它符合国家食品相关标准。你们看这个报告，这是我们委托第三方权威机构——××××检测中心进行检测的结果，你们可以看到我们的牛奶在各项指标上都达到了优秀水平。"

3. 评价证明

主播可以通过用户反馈、专家评测、媒体报道等来证明农产品的受欢迎程度。例如，"这款蜂蜜是我们今天直播的口碑商品，受到了无数用户的喜爱。你们看评论区，这些都是真实的买家评价，可以看到他们对这款蜂蜜赞不绝口，说它甜而不腻、香而不腻。"

4.2 3种句式

4.2.1 FABE 句式

FABE 是指 feature（特点）、advantage（优势）、benefit（利益）、evidence（证据），具体句式如下。

1. 这批××（农产品名）个大、汁水丰富（特点），可以消暑解渴（利益），我们的产品使用天然肥料（优势），大家放心购买，这是官方机构出具的农药残留检测报告/证明/说明（证据）。

2. 我们的××（农产品名）在种植过程中使用了绿色防控技术（特点），结出来的果子饱满，带有自然的清香（优势），您在享用的过程中会体会到甜而不腻的口感（利益），评论区有老客户反馈的照片/视频（证据），大家可以参考。

4.2.2 AIDA 句式

AIDA 是指 attention（注意）、interest（兴趣）、desire（欲望）和 action（行动），具体句式如下。

1. 家人们，看我左手边（吸引注意）的这份××（农产品名），这是一份普通的××（农产品名），大家经常吃，但是相信所有人吃的时候都会遇到××（常见问题，提起兴趣）。今天我可以帮助大家解决这个问题（激发欲望），大家看我右手边的这份××，专门对××（常见问题）进行了优化处理，升级了包装方式，不论是打开还是储存都非常方便，这样大家吃起来就不会再遇到××（常见问题）了。这是直播间推出的新品，本场直播打××（折扣力度）折，机不可失，大家千万不要错过（促进行动）。

2. 昨天我哥哥说他在菜场买的××（农产品名）贴着"包甜"的标签，结果买回来发现吃起来一点都不甜，甚至还有点酸。相信有很多家人都喜欢吃××（农产品名），下班回家的时候吃个甜滋滋的××（农产品名）让人心情愉悦，但要是产品质量不好，相信大家吃得也不开心（引起兴趣）。所以啊，今天我给大家带来了××（农产品名），甜滋滋、水分足，包你吃了还想吃（激发欲望）！家人们，直播间现在做活动，只需要××元（产品价格）就可以带走哦，还在等什么（促进行动）？

3. 直播间的宝宝们，我今天给大家带来的是一款××（农产品名），对，你没听错，就是网络上很火的那个（吸引注意）××（农产品名）。我现在就拆开一包给大家看看，等会儿直接试吃（引起兴趣）。大家看，首先包装很精致，外包装简约大气，里面是真空包装！拆开看，哇！果然是内容满满，我再尝尝，哇，清香四溢（激发欲望）！家人们，我一定要推荐给你们尝尝，今天直接给大家打××折（折扣力度），大家赶紧冲起来（促进行动）！

4.2.3 FABI句式

FABI是指feature（特点）、advantage（优势）、benefit（利益）、impact（冲击），具体句式如下。

1. 每个人都需要好好吃饭，但有时候确实没有时间或者条件准备可口的菜肴，这时候可以试试××（农产品名）。这款××（农产品名）既可以用来炒，也可以直接凉拌，不管哪种吃法都很美味（特点）！相比一般的××（农产品名），咱们这款汁水更足，口感更好，储存时间也更久（优势）！下班回家没有时间做一桌热菜，可以用××（农产品名）凉拌个小菜，也可以美美地吃上一顿（利益）！今天直播间还有××（折扣）折优惠（利益），想要的在公屏互动起来（冲击）！

2. 家人们，夏天这么热，光喝水解渴总觉得不过瘾，还是得吃点水果。我今天给大家推荐的是优质××（农产品名），皮薄肉厚，鲜脆多汁（特点）。相比其他水果，××（农产品名）水分更足，甜度更高（优势），用来解渴简直是一绝（利益）！夏天还是"冰冰凉凉的水果和空调最搭配"！你们说对不对（冲击）？

4.3 直播推介话术情景演练

4.3.1 描述类推介话术情景演练

1. 直播情景再现

某农产品直播间正在进行花生新品上市活动，主播小暖正在向观众介绍花生的品种、产地、营养价值、食用方法、价格等信息,观众很感兴趣,纷纷留言询问花生的更多细节,也有不少观众表示想要购买。为了增加销量、提高客户满意度,小暖准备了一些优惠券和赠品,希望借此吸引更多观众购买。

2. 直播公屏分析

(1)直播间观众对花生已经开始感兴趣,说明主播描述推介做得不错,但是还需要进一步提高观众的信任度和购买意愿。

(2)直播间观众希望看到更多花生的细节,说明主播描述不够具体,还停留在通用介绍阶段,没有介绍花生的特色。

(3)直播间的观众人数不断增加,公屏弹幕不断变化,此时,主播要控制好直播节奏,特殊情况可做适当调整。

3. 互动演练

> 主播:大家好,欢迎来到小暖的直播间,今天我给大家带来了一款超级好吃的花生,是××(品牌)家的新品,专为爱吃花生的你们精心挑选。
>
> 公屏1:什么牌子啊?没听过。
>
> 公屏2:这个牌子的花生有什么特别的吗?
>
> 主播:这是国内知名的农产品品牌,这家公司已经成立30年啦。这款花生选用了××(产地)的优质花生种子,经过××(种植方式)种植,在××(收获时间)收获后经过××(加工工艺)处理,确保花生中无杂质且饱满香脆。
>
> 公屏3:这个花生怎么吃啊?可以做菜吗?
>
> 公屏4:这个花生会不会有农药残留啊?
>
> 主播:这个花生的吃法很多,你可以剥开直接吃,也可以煮熟后加点盐或者糖拌着吃,还可以炒熟后做成花生酥或者花生糖(描述做法、吃法)。当然也可以用来做菜哦,比如拌凉菜、炒肉丝、煲汤等。它的味道很香甜,能增香提味。这个花生是无农药残留的哦,宝宝们可以放心食用。
>
> 公屏5:这个花生多少钱?有没有优惠?
>
> 主播:相聚即是有缘,当然有优惠了!这款花生原价26元一包,但是今天在直播间呢,只要16元就可以买到,每包立减10元!

> 主播：经常来咱们直播间的家人们应该都知道，主播给大家推荐的东西都是自己评测过的，我一定会让大家买得开心，我描述再多也不如大家自己下单买回去品尝品尝，想吃的家人们抓紧呢。

4. 互动注意事项

（1）主播不要只是单纯地描述产品信息，要结合观众的需求和喜好，突出农产品的优势和特色，让观众感受到农产品的价值。

（2）主播描述农产品卖点时，不能对产品的品质、口感等进行过分夸大，更不可反复强调未经权威认证的功效，否则会涉及虚假宣传。

（3）主播要熟悉农产品的相关知识，面对观众的提问要做出流畅和专业的描述。

4.3.2 比喻类推介话术情景演练

1. 直播情景再现

某农产品直播间内，主播小光正在销售一批新鲜蜂蜜，小光根据自己的专业知识，向观众介绍这款蜂蜜的产地、特色等。很多观众在直播间留言，询问蜂蜜的品种、口感等。

2. 直播公屏分析

（1）对于询问蜂蜜产地的观众，可能对不同地区的蜂蜜有不同的偏好或者认知，主播要以蜂蜜的产地特点为重点，结合相关的图片或视频等进行介绍。

（2）甜度是影响蜂蜜口感和品质的重要因素。对于担心蜂蜜不甜的观众，主播要以蜂蜜的甜度指标为重点进行介绍，可现场试吃。

（3）对于询问添加剂和保质期的观众，他们可能更关注健康、安全等方面，主播可以针对性地进行讲解。

3. 互动演练

> 主播：家人们，今天我给大家带来的是一种天然、美味、营养的农产品——蜂蜜！蜂蜜其实是一种液体黄金，很多地区把它作为日常保健品。
>
> 公屏1：产自哪里？

主播：我们家的蜂蜜产自××（产地），那里是我国适合养殖蜂群的地方，大家可以看下产地的视频，有着丰富的花源、清新的空气、优良的环境，蜂群可以采集到纯正的花粉和花蜜。

公屏2：这个蜂蜜是什么花源啊？

主播：大家看我们家的蜂蜜，颜色金黄透亮，没有杂质；香气浓郁，没有异味；口感绵密甘甜，没有刺激。我们家的蜂蜜不仅外观好，而且品质好。花源主要是××（花名）和××（花名），这两种花都是高山野生花卉，花蜜混合后可形成一种独特的香味。

公屏3：甜吗？

主播：我用测糖仪给宝宝们现场展示下，我们把1小勺蜂蜜加入这杯温水中，搅拌均匀，测糖仪显示甜度为12，我现在喝一口，感觉就是满口的清香和甘甜！

公屏4：有添加剂吗？

主播：我们家的蜂蜜都是无添加、无污染、无过滤的纯天然食品，大家放心食用！

公屏5：是新鲜蜂蜜吗？

主播：我们家蜂蜜采用了专业的冷藏技术和保鲜技术，收到的都是新鲜蜂蜜！不新鲜包退！

公屏6：怎么吃呢？

主播：这款蜂蜜的吃法有很多种，你们可以直接用勺子舀着吃，也可以加水冲泡成蜂蜜水，还可以将其加入牛奶、酸奶、果汁中，做成美味的饮品。你们还可以用它来做蛋糕、饼干、面包等甜点。此外，还可以用蜂蜜做面膜、护发素等美容美发用品，可以起到护肤护发的作用。

公屏7：保质期多久呢？

主播：我们家的蜂蜜还有一个优点，就是保质期长。我们采用了专业的密封和防潮技术，可有效保证蜂蜜的新鲜度，不开封可以保存1年！开封后要放在阴凉干燥的地方，避免阳光直射和潮气侵入，可以保存1个月！

4. 互动注意事项

（1）利用比喻对农产品进行描述时，不要脱离现实环境，不能强行与不相干的事物进行类比，避免让观众感到困惑或反感。

（2）注意比喻要恰当、合理，不能夸张或者误导，避免让观众感到不真实或不可信。

（3）比喻要新颖，不能陈旧平庸，不能重复使用老套和无趣的比喻，避免让观众感到厌烦。

4.3.3　演示类推介话术情景演练

1. 直播情景再现

某农产品直播间正在销售一批优质哈密瓜，主播小琦开播后，按照惯例给观众介绍哈密瓜的口味、价格等信息，直播间观众来了又走，只有少量观众长时间停留或者下单。

为改善这种局面，小琦在直播间为观众展示了几种哈密瓜的花式切法，切好的哈密瓜造型独特，特别适合做果盘造型。小琦一边切还一边为观众介绍哈密瓜的摆盘技巧和模具使用方法。这一操作吸引了很多观众观看，并纷纷在公屏上提问。小琦抓住机会，介绍切哈密瓜技巧的同时不忘推荐哈密瓜，从而促成了很多订单。

2. 直播公屏分析

（1）主播进行常规直播时，直播间人气惨淡，说明观众已经对同质化严重的直播内容失去兴趣，主播要寻找新的亮点。

（2）观众对哈密瓜切法感兴趣，说明大部分观众平时并不会特意去给哈密瓜做摆盘造型，或者根本不会哈密瓜的特殊切法。主播在展示哈密瓜的切法时，要讲解切瓜技巧。

（3）有些观众关注哈密瓜价格、口感等信息，主播要注意适时讲解这些信息。

3. 互动演练

> 主播：欢迎大家进入直播间，大哈密瓜圆又圆，好吃好看香又甜！今天给大家推荐的是产自我国××（产地）的大哈密瓜哦！这种哈密瓜个头圆润、果香浓郁、鲜嫩爽口、香甜水润！

公屏1：主播好。

公屏2：没啥意思，我先溜了。

公屏3：哈密瓜到处都能买。

主播：欢迎刚来直播间的朋友！哈密瓜确实太常见了，今天小琦给大家展示几种哈密瓜的花式切法，可以切出造型独特、别具一格的哈密瓜，大家学会了也可以在家试试，保证让你的家人和朋友赞不绝口！

公屏4：哈密瓜不就是去皮、切成块吃吗？

主播：生活还是要点小小的仪式感。好了，首先给大家介绍第一种哦，大家注意看我的手部动作……

（展示第一种花式切法）

主播：大家切的时候千万要注意安全哦，不要弄伤自己。好了，大家看，这个切法切出来的哈密瓜，全部是薄薄的三角形，很适合直接拿来摆盘！

公屏5：这个我也会。

公屏6：有点普通了。

主播：刚才只是开胃菜，接下来给大家展示另外一种切法，这种切法就要难一点了，大家看好，像我这样斜着下刀，不要切断……

（展示第二种花式切法）

主播：好了，大家看，这个造型是不是特别好看？而且一点都没浪费。

公屏7：666！

公屏8：这个真好看！

主播：哈哈，好看吧？不过这个切法对哈密瓜有要求，个头要稍微大点，就像小琦今天给大家推荐的这种哈密瓜一样，个头大、瓜瓤红，最后得到的成品就非常好看。

公屏9：主播还有其他切法吗？

公屏10：再来一种！

主播：好吧，谁叫我是一个"宠粉"主播呢，再给大家展示一种，不过这种需要一些小道具了，就是这俩，大家发现没，这两个道具其实很简单，就是把勺子和牙签稍微改造了一下。好了，大家看好，再给大家展示一种切法……

（展示第三种花式切法，边操作边口述要点）

公屏11：哇！

公屏12：无敌了，还能这样。

公屏13：这也太好看了吧！

主播：谢谢大家夸奖哈，其实这种切法并不难，大家记住刚才我说的几个要点就好了。

主播：好了，家人们，别光顾着看切哈密瓜了，光看是看不会的，买点哈密瓜回去自己练习更有效果！小琦今天给大家推荐的哈密瓜，新鲜又美味，大家千万别错过了！

公屏14：对对对，支持小琦，我要买！

公屏15：哈密瓜怎么卖的？

主播：小琦今天给大家的价格是4元1斤哦，这是直播间专享的优惠价格，错过就没有了！

公屏16：还挺便宜，我冲了！

主播：大家放心买吧！咱的哈密瓜甜滋滋，大人小孩都爱吃！物美价廉包香甜，不脆不甜不要钱！

主播：另外再次提醒大家，练习花式切哈密瓜的时候，一定要注意安全哦！大家还没学会的，我已经录屏了，到时候会发到主页，大家可以给主播点点关注，之后想自己在家尝试的家人们可以来主页重看重学。

4. 互动注意事项

（1）主播展示花式切哈密瓜前，要提前做好练习，做到心中有数，不要展示不熟练的切法和不美观的成品，以免影响观众的观看体验。

（2）主播在切哈密瓜时，使用的各类工具要符合直播平台的要求，不能出现违禁物品。

（3）主播在切哈密瓜时，要说明切瓜的注意事项，并对哈密瓜品质、特点等进行介绍，要把留下来的"观看者"变成"消费者"。

第 5 章
直播互动话术

▶ ▶ ▶

5.1　3个互动技巧　/85

5.2　3个互动误区　/88

5.1 3个互动技巧

5.1.1 限售留人互动

示例一

主播：好的，大家多发言、多点赞、多关注，等直播间热度值冲到10万，我们就开始特价甩卖！限时30分钟，所有商品7折销售！最后5分钟还有超大惊喜！

公屏1：冲冲冲！

主播：家人们给力点！热度值一到10万，马上开抢，咱们的活动非常火爆，提前挑选加入购物车，不然我怕你们抢不到想要的。

公屏2：快快快！马上到10万了。

主播：好的家人们，热度值已突破10万，咱们现在开抢！所有商品一律7折，货量有限，先买先得！

主播：抢完的朋友们也不要走，咱们最后5分钟还有你想不到的超大惊喜！

示例二

公屏1：直播间有没有优惠啊？

主播：今天咱们直播间做活动，一级大果平时8元1斤，今天晚上特惠价只要5元1斤，这个价格只限今天，我也是为了冲一波销量，平时这个价格，你们是不可能买到的。

公屏2：真的吗？这个价格我前几天好像看到过。

主播：这个特惠价今天是第一次给到大家，是一个限价销售活动，之前你们是不可能遇到的，公司也不会允许我们平时按这个价格卖的哈。

主播：大家抓紧时间，机不可失，时不再来！

示例三

主播：家人们，今天这个果子每人限量 2 份啊，因为价格优惠，果子品质又好，但数量有限，咱们尽量让所有人都享受到这个实惠！

公屏：好！好！

主播：链接已经上了，6 号链接，考验大家手速的时候到了，快快快！

主播：库存还剩 200 份，家人们手速快一点，这批果子一会儿就没了，手慢就抢不到了！

5.1.2 抽奖福利互动

示例一

主播：宝宝们，今天我们直播间一共安排了 5 轮抽奖活动！

公屏：666！

主播：千万不要离开直播间哟，我们的抽奖 5 分钟后准时开始！

主播：欢迎新进来的宝宝们，俗话说得好，来得早不如来得巧，大家赶紧点击左上角关注我们的直播间，也可以把直播间分享给您的家人和朋友，还有 1 分钟我们就开始抽免单了哟！

示例二

主播：今天直播间每到整点就会抽奖，每次抽两位幸运宝宝，奖品是免单，想参加抽奖的宝子们记得点赞加关注哦！

主播：马上到 20 点了，整点直接开始，20 点的大奖会是你吗？

公屏：是我，是我，就是我！

主播：整点到了，咱们现在开始抽奖！大家把抽奖口令"×××"发在公屏上，我们后台的工作人员将会随机挑选两位幸运宝宝，给予免单福利！大家抓紧时间，来，倒计时 10 秒！

示例三

公屏 1：主播来点福利啊！别光说不做啊！

主播：福利肯定有！宝宝们不说，福利也必须给大家准备到位！

主播：咱们先来抽一波奖，奖品是 50 元无优惠券，咱们先抽出 10 位宝宝，看看今天的幸运儿是谁！

主播：抽完这一波，咱们接着再来一波！我的宝宝我来宠！

公屏 2：主播豪横！我要中奖！

5.1.3　故事段子互动

示例一

主播：夏天到了，知了的叫声让我想起小时候在姥姥家里过暑假，那时候村里还没有空调，姥姥就坐在我旁边给我扇扇子，喷花露水。那个时候村里的夜很黑，但夜空却很漂亮，满天繁星，一闪一闪的。饿了锅里有锅巴，渴了有冰镇在井水中的西瓜。真的是太怀念了！

公屏 1：是啊，想姥姥了。

公屏 2：总感觉小时候在村里吃的西瓜比现在的好吃。

主播：钢筋水泥的房子住久了，就会想念村里的小河、树林，现在这个季节正是吃冰西瓜的好时候，小河里的水不冷不热，洗个澡，再吃一口冰镇西瓜，别提有多惬意了！

示例二

主播：我给大家讲一个笑话，一个城里人去农村看望亲戚，看到亲戚家的鸡很肥，就问，你们家的鸡怎么养得这么好啊？亲戚说，我们用玉米喂鸡。城里人说，玉米？那不是很贵吗？亲戚说，不贵啊，我们自己种的。城里人说，那你们自己吃什么呢？亲戚说，我们吃鸡啊！

公屏 1：哈哈哈哈哈，我理解到你的点了。

公屏 2：什么啊，什么意思？谁解释解释。

公屏 3：就是说城市里玉米比鸡肉还贵！

主播：哈哈，看来有人懂这个笑点了。不过城市里玉米卖得贵很正常，物以稀为贵，物流费用、房租等很多成本都叠加在里面了。

主播：为什么我们家的玉米这么实惠？大家都知道了吧，主要是我们从农场直接发货，没有中间商赚差价。

5.2 3个互动误区

5.2.1 避免随意互动

示例

公屏：我家小孩最喜欢吃这个了！

主播：没错，小孩子最喜欢吃这个了，我邻居有个女儿，特别可爱！（错误示范）

主播：小孩子多吃水果有好处，我们家的果子产自绿色果园，不使用任何农药，所以没有任何农药残留。（正确示范）

主播：今天我们直播间有优惠活动哦，可以给孩子买一些，孩子要多补充维生素。关注主播领取优惠券，下单更便宜啊！（正确示范）

主播与直播间观众的互动应该是有效的互动，更应该是一种高效的互动，毕竟每一个商品的销售时间都是有限的。

主播要把握互动原则，那就是以销售为目的。与观众的互动可以是直接促进销售的促单互动，也可以是进行销售铺垫的推介互动，但绝对不能是随意的、盲目的、不知道下一步该做什么的互动。

5.2.2 避免直面冲突

示例

公屏：我买你们家的果子，发了好几次都是烂的，真是垃圾！

> 主播：你怎么说话呢？瞎说乱说，想干架吗？（错误示范）
>
> 主播：我看刚才有人问我们家的果子甜不甜，我跟你说啊，包甜！而且个大、皮薄、水分充足！（正确示范）
>
> 主播：这位网名叫×××的朋友，你是哪家的同行？你不要无凭无据对我们进行诬陷啊！如果有任何问题，你都可以通过平台进行解决，我相信凡是有电商购物经验的人都知道可以退货退款，而且也可以要求平台介入。你说的这些问题都可以通过正常渠道解决，为什么在这里散布谣言？（正确示范）

对于直播间的"黑粉"、不友好观众等群体，主播不要被他们影响心态，情绪上不要有波动，较好的处理办法是"视若无睹"，不把他们当一回事儿，这些评论很快就会被刷下去。这是合理、有效的方法，能有效避免直接冲突。

当然，难免会遇到一些难缠的观众，他们会持续发布一些不友好的评论，以致影响直播间的其他观众，这时候主播就要着手处理，不能任由他们肆意妄为。避免直面冲突，并不是惧怕冲突。

5.2.3　避免单一话术

> 示　例
>
> 公屏：直播间有没有优惠啊？
>
> 主播：今天直播间的优惠活动是×××。（错误示范）
>
> 主播：你们多来看看我，优惠活动少不了！（正确示范）
>
> 主播：点关注的宝宝们都领到了红包，赶紧关注我吧！（正确示范）

要避免单一话术，并不是说"单一话术"是错误的、不合理的，而是因为"单一话术"不能适用于所有场景，主播要具备随机应变的能力，要有抓机会、控场面的素质。

第6章
直播异议化解话术

▶ ▶ ▶

6.1　5个质疑问题　/93

6.2　3个化解异议的方法　/96

6.3　异议化解话术情景演练　/99

6.1　5个质疑问题

6.1.1　质疑品质

问：这个苹果甜不甜？

答：买苹果，你们可以认准××（产地或品牌）。个大脆甜多汁，是享誉全国的品质好苹果！

问：鸡蛋新鲜吗？收到有破损怎么办？

答：咱们的鸡蛋都是鲜鸡蛋，来自现代化的农业生产基地，品质有保证，而且具有从农场到餐桌的安心供应链！鸡蛋发出前都经过严格筛选和消毒，您收到后有破的、坏的，咱们1∶1照价赔偿。

问：果子里面会不会有虫子？

答：现采现发，严格筛选，每一个都是精挑细选的哟！别说是虫子，就是有个疤，都不能算好果，咱们会直接淘汰！送到大家手中的，保证个个是优质好果！

问：果子的水分多吗？

答：肉厚汁多，香脆爽口，我直接给家人们切一个，咱们看看这果肉，轻轻一挤就出果汁，水分非常充足。

问：是不是好的啊？别以次充好啊！

答：绝对是特级好果，咱们的品质是有保证的，大家可以放心，所见即所得，如果家人们收到了以次充好的果子，我承诺以一罚十，欢迎大家监督！

6.1.2　质疑功效

问：经常吃柠檬真的会变白吗？

答：美白是宝宝们都想拥有的皮肤状态，仅靠吃咱们的柠檬肯定没法让宝宝们白成一道光，但是如果日常防晒到位，再配合坚持食用咱们的柠檬，会有意想不到的效果哦！

问：红枣怎么吃才能补气养颜啊？到底有没有效果？

答：红枣是比较适合需要补气血的女性经常食用的。一般有三种吃法，一是将红枣与糯米一起熬粥，二是煲汤时加入红枣，三是泡茶的时候加入红枣。红枣不是保健品，而是一款性价比极高的农产品，有需要的家人们别错过哈！

6.1.3 质疑营养

问：果子是不是从冷库出来的啊？营养流失了吧？

答：是冷链保鲜的哦，低温储藏可以更好地保护食物的营养成分！咱们的果子采摘后直接全程冷链，大家收到的果子和刚采摘的基本无差。

问：维生素含量高吗？

答：大家看我手里的这个果子，非常新鲜，皮薄色鲜，肉脆多汁，富含多种维生素，每一箱都是现摘现发，高品质好果，大家赶紧抢购吧！

问：肉质怎么样？营养丰富吗？

答：咱们这个虾的个头大，肉质饱满，使用的是生虾盐冻技术，可以锁住新鲜，锁住营养，保持肉质紧实！

问：有营养成分的说明吗？

答：我现在手上拿的这个报告，就是权威机构出具的营养成分检测报告！大家可以看到，我们家这个××（产品名）的主要营养成分是××、××和××（营养成分名称），不管是成分还是含量，我们都如实宣传。

6.1.4 质疑价格

问：买完降价怎么办？

答：宝宝们，咱们承诺全年保价，全年价格都是稳定的，如果说您下单没有用优惠券，或者买后发现价格有下降，可以私聊客服退差价，一定不让宝宝们吃亏！

问：价格这么贵是因为产量少吗？

答：谢谢这位宝宝的提问，您去线下水果超市看一看，对比一下就知道咱们家的果子一点也不贵！不过咱们为了保证每一颗果子的品质和口感，产量也不是很多，想要的抓紧时间，最后几单了！

问：领券了为什么用不了？付款还是原价呢。

答：还有多少宝宝下单价格和主播说的价格不一致，公屏扣1让我看到！主播现在教大家如何领券和优惠付款！

问：为什么我下单显示要12元运费？

答：这位宝宝，你的收货地址是哪里呀？咱们全国大部分地区都是包邮的，但偏远地区会有运费，因为冷链运输的距离更远，时间也更长，你可以私聊客服帮您查询下哟！

问：为什么比线下门店便宜这么多？

答：因为咱们是果园农场直销，我们有自己的果园和农场，采用线上直销的方式，租金、渠道、经销等成本都低很多，咱们就可以把这个"利"带给大家。

6.1.5 质疑健康

问：苹果打蜡了吗？有没有防腐剂？

答：宝宝们，咱家的果子从不上色、从不打蜡，不泡保鲜剂和防腐剂，大家放心下单，放心食用！

问：有没有甜味剂、色素、添加剂？

答：甜味剂、色素、添加剂通通都不会有，咱们的果子就是该酸就酸，该甜就甜，给大家最健康、最原生态的味道!

问:有没有农药?怎么清洗残留的农药?

答:再次承诺,我们的每一棵果树都是大棚内精细种植,从开花到采摘,全程不打农药。收到货后大家用清水洗净,可以不去皮直接吃。

问:反季节水果能放心吃吗?

答:大家可以仔细看一下咱们种植场地的情况,主要是模拟水果应季的生长环境,不存在"科技与狠活儿",反季水果也让大家吃得健康,吃得放心!

问:是不是绿色健康食品?孕妇和小孩子能不能吃?

答:咱们家的××(产品名)是天然健康的农产品,有国家认证的绿色食品标识,不含对人体有害的物质,老人小孩、孕妇宝妈,都可以放心大胆地吃,没有任何问题!

6.2　3个化解异议的方法

6.2.1　摆事实,讲道理

示例一

公屏:我感觉你家的苹果不甜,看着就不是很甜的样子。

主播:那你一定要亲自尝尝,不甜不要钱,您收货品尝后如不满意,包退款!

主播:我家苹果有甜度测试报告,宝宝们也可以翻翻评论区,都是真实评价,就没有说我们家苹果不甜的。

示例二

公屏:你们家山药的营养价值真有这么高?是不是忽悠人呢?

主播:我讲的山药的营养价值都是有科学依据的,句句属实,完全没有忽悠。

主播：山药是一种药食同源的植物，历代医家都盛赞它为"理虚之要药"。山药中含有多种对人体有益的成分。

主播：这些都是经过现代科学分析和验证过的，现在网络这么发达，大家上网一查就知道了，山药到底好不好，我说了不算，咱们还是得相信食品科学。

示例三

公屏：你这个不是××（产地或名称）菠萝吧？看起来不太像。

主播：绝对是正宗××（产地或名称）菠萝！××（产地或名称）菠萝的果肉甜度高、多汁爽口，而且闻起来有浓郁的果香，咱们家这个菠萝就是新鲜上市的××（产地或名称）菠萝。

主播：我可以给大家看一下我们的进货单，上面的仓库地址清清楚楚地写着××（产地或品牌）！这可不是假的，是我们真实的数据。

主播：如果家人们发现我们家的菠萝不是××（产地或名称）菠萝，我们承诺假一赔十！

6.2.2 看数据，详讲解

示例一

公屏：是不是真的零添加？

主播：农产品上市都是要经过污染物检测的，我直接跟大家说一下我们的检测结果，大家就知道我们的产品是真的纯天然、无污染、零添加！

主播：农产品污染物主要是指重金属、农药残留、兽药残留、违禁添加物。其中，重金属是指铅、镉、汞、砷、铬等有毒性的金属元素，这5项我们的检测结果都是0，其他重金属也是0。

主播：农药主要是指杀虫剂、除草剂、杀菌剂等，这3项我们的检测结果都是0。兽药主要是指抗生素、激素、抗寄生虫药等，这3项我们的检测结果也都是0。

主播：违禁添加物是指在农业生产和加工过程中非法使用增色剂、防腐剂、甜味剂等化学物质，我们在这3个项目上的检测结果也都是0。

示例二

公屏：真的有那么好吃吗？

主播：不好吃不要钱！我们家的销量和好评率就是最好的证明。我给大家看一下，咱们20万+的销量，98%的好评率，追加评论4 000多条。

主播：要是不好吃，会有这么多订单吗？会有这么多回头客吗？宝宝们只管大胆地下单！

6.2.3 边演示，边证明

示例一

公屏：是不是××（产地或名称）的大果啊？别以次充好，拿大的展示，拿小的发货。

主播：绝对是优质大果，我给大家看看咱们的中果和小果，放在一起比一比就知道了。

主播：（找出不同大小、等级的果子进行比较）看清楚了吧？这大中小分得很清楚。我们都是机器筛选的，大小和等级进行了明确划分，您花了大果的钱，就是大果的品质。

主播：（举起大果展示）您尽管放心，绝对不存在以次充好的情况，如果收到的果子果径达不到大果标准，我们承诺无理由双倍退款！

示例二

公屏：西瓜是沙瓤的还是脆的啊？

主播：这个品种的西瓜是沙瓤的，我给大家切一个看看。

主播：（镜头对准主播手部，准备展示切开后的西瓜）我现在就给大家切开，哇，你们看这个西瓜，松软绵密，（举起在镜头前展示，吃几口西瓜）吃起来口感沙沙的，水分少一些但是很甜。

主播：家人们，这个西瓜瓜皮薄、果肉红，成熟度刚刚好。

> **示例三**
>
> 公屏：真蜂蜜吗？稠不稠啊？
>
> 主播：我们家的蜂蜜都是野生蜜蜂在自然环境下采集的花蜜，真正的纯天然蜂蜜，没有任何"科技与狠活儿"。
>
> 主播：稠，很稠，都能拉丝！（拧开一罐蜂蜜）我舀一点给家人们看看啊，（用勺子挖出一勺蜂蜜）看这个颜色，真棒！（展示蜂蜜的黏稠度）咱们家的蜂蜜得使劲儿才能挖出来，这说明蜂蜜的含水量低，这样的蜂蜜甜度更高，保存的时间更长！

6.3 异议化解话术情景演练

6.3.1 化解品质问题话术情景演练

1. 情景演练一

（1）直播情景再现

某水果直播间内，主播小鑫正捧着刚开出来的一大瓣榴莲果肉向观众展示，助播还准备了另外几颗不同品种的榴莲等待展示。不断有人在公屏上提问，这个榴莲是哪里产的？什么品种的？果核大不大？味道怎么样？新不新鲜？榴莲怎么选？

（2）直播公屏分析

1）对于询问榴莲产地和品种的观众，主播要注意介绍榴莲的产地特色和品种特色，如气候、土壤、等级、甜度等。

2）询问榴莲味道、果核大小、新鲜程度的观众较注重榴莲果肉的品质，主播要有针对性地解释。

（3）互动演练

> 主播：欢迎家人们来到我的直播间！今天我给大家带来了重磅福利，××（产地）榴莲！

主播：大家应该都注意到了今年的榴莲价格涨得很厉害，短短半个月内，以前吃得起的榴莲现在都得咬咬牙、狠狠心才下单了，品质好的榴莲就涨得更多了。

公屏1：主播拿的是什么品种的榴莲？

主播：我手中这个榴莲是猫山王榴莲，猫山王香气浓郁，甜度高，肉质细嫩，籽小皮薄。

公屏2：真的是××（产地）的猫山王吗？

公屏3：味道怎么样，好吃吗？

主播：我先给大家看一下这个猫山王的外形，你们看这个榴莲呈绿色，刺的形状呈圆锥形，底部呈现五角星形的无刺区域，极个别可能呈现六角星形，这些都是猫山王的特征。

主播：我手里这个猫山王大约3斤，是10年以上的老树产出的榴莲，品质上乘，吃起来香甜软糯。现在直播间特价188元1个，买两个还包邮哦！

公屏4：新鲜吗？

主播：我们的榴莲都是现摘现发，真空包装和冷链运输，保证榴莲的新鲜度和口感。

公屏5：开一个看看，眼见为实！

主播：我现在就给大家随机选一个打开看看。就这个了，我给大家打开。

公屏6：果肉好漂亮！果核大不大啊？

公屏7：主播一挑一个准啊！

主播：大家看这个榴莲的果肉是金黄色的，很厚很软，一掰就断，果核很小。我现在整个鼻子里都是榴莲的香味，已经要流口水了，这就是猫山王的魅力啊！

主播：喜欢的朋友看1号链接，赶紧下单，限量50个，先买先得！

2. 情景演练二

（1）直播情景再现

某海产品直播间内，主播小舟正拿着皮皮虾向观众展示，地上的框里还有梭子蟹、白虾、八爪鱼等各类海产品。公屏上不断有人提问，这个皮皮虾哪里产的？有没有冷冻过？新鲜吗？有没有腥味？好不好吃？

(2)直播公屏分析

1)询问皮皮虾有没有冷冻过、新不新鲜等问题的观众,对于海产品的新鲜度有一定要求,主播要注意介绍皮皮虾的冷链运输、保鲜服务等。

2)询问皮皮虾有没有腥味、好不好吃等问题的观众,对于海产品的味道和口感有一定要求,主播要注意介绍皮皮虾的肉质、食用方法等。

(3)互动演练

> 主播:直播间里喜欢吃皮皮虾的家人们,请在公屏留言让我看看啊!
>
> 公屏1:香辣皮皮虾,我的最爱。
>
> 公屏2:家里孩子喜欢吃清蒸皮皮虾。
>
> 主播:家人们看我手中这只皮皮虾,刚从盆里捞起来,活蹦乱跳,壳薄肉肥!
>
> 公屏3:这个虾哪里产的?
>
> 主播:我今天给大家推荐的这批皮皮虾产自××(产地),××(产地)是极负盛名的皮皮虾产地,养殖虾的海域非常干净,水质优良。
>
> 公屏4:会不会有什么细菌啊?
>
> 主播:我们的皮皮虾都是经过严格检疫和检测的,大家完全可以放心购买。
>
> 公屏5:运输过程中会不会变质啊?
>
> 公屏6:是不是冻货?
>
> 公屏7:新鲜吗?
>
> 主播:我们的皮皮虾都是采用专业的冷链运输方式,从捕捞到装箱到运输到仓库到发货,最后到你们手中,一次冷冻,全程保鲜,品质有保证!
>
> 主播:我们有活虾和冷冻虾两种选择,家人们可以根据自己的需求进行选购。
>
> 公屏8:怎么做好吃啊?
>
> 主播:皮皮虾的做法很多,可以蒸、煮、炸、烤,都很美味。我个人最喜欢的是清蒸,只要把皮皮虾洗净,放在蒸锅里,撒上一点盐和葱花,蒸10分钟左右就可以了。出锅后,配上一点醋和姜丝,简单又美味。
>
> 公屏9:有画面了。
>
> 主播:今天直播间下单满50元立减15元,多买多减,喜欢吃皮皮虾的家人们注意了,来,7号链接,上皮皮虾!

3. 互动注意事项

（1）主播在解答品质方面的问题时不能弄虚作假，不能使用与实际发货产品不同的高品质产品进行直播演示。

（2）主播在应对观众对于产品品质的质疑时，要保持情绪稳定，不能与观众发生冲突。

6.3.2 化解营养问题话术情景演练

1. 情景演练一

（1）直播情景再现

某农产品直播间正在销售一批猕猴桃，主播小辉正在向观众介绍这批猕猴桃的产地，并通过试吃向观众介绍猕猴桃的口感。为加深观众对猕猴桃的了解，提高观众对直播间所销售的猕猴桃的认可度，小辉还给观众科普了猕猴桃的营养价值。

直播间观众很多，有些观众对猕猴桃的营养价值表示怀疑，有些观众对猕猴桃的口味表示怀疑，还有些观众比较关注猕猴桃的包装、运输等问题。

（2）直播公屏分析

1）对猕猴桃营养价值和口感表示怀疑的观众，可能是对主播不信任，主播要打消观众的疑虑。

2）有些观众关注猕猴桃的包装和运输问题，可能是担心收到的猕猴桃腐烂、变质等，主播要向观众讲解包装和运输方式，并向观众介绍猕猴桃不易腐烂的特性。

（3）互动演练

> 主播：进直播间的宝宝们点点关注呀！关注主播不迷路，开启缘分第一步，看上主播刷礼物，每天直播细呵护，迈向成功一条路！
>
> 公屏1：今天有些啥？
>
> 主播：大家看（镜头特写），这就是今天给大家推荐的好东西，产自四川××（产地）的奇异果！
>
> 公屏2：不就是猕猴桃？

> 主播：这位朋友说得没错，猕猴桃也叫奇异果。今天我给大家带来的猕猴桃尤其好吃，而且营养价值很高。
>
> 公屏3：跟普通的猕猴桃能有啥区别？不就是品相好一点吗？
>
> 公屏4：能有啥区别？贵的区别！
>
> 主播：咱们也不是随便给大家定价的，品种果、特色果、好果、大果的价格就是比普通的果子价格高！营养物质含量更高、吃起来味道更丰富、品相更漂亮，那可不就是价格更高嘛！一分价钱一分货！
>
> 公屏5：水果不就是吃个甜，有啥营养你说说看？
>
> 主播：我可不是乱说的啊！猕猴桃的营养价值，大家都可以到网上去查，去搜索资料，它确实是含有很丰富的维生素C，而且一度被誉为"水果之王"！
>
> 主播：维生素C是骨骼、皮肤和结缔组织形成、生长和修复所必需的营养元素，是人体必需的重要营养元素之一，这些大家应该都知道。那大家知道如果缺乏维生素C会怎么样吗？
>
> 主播：成人饮食缺乏维生素C时会觉得易疲劳、乏力和烦躁，可能会有体重减轻、肌肉萎缩和关节疼痛等问题，如果长期缺乏足量维生素C的摄入，还可能引发坏血病！
>
> 公屏6：缺维生素C确实可能引发坏血病，这个我知道。

2. **情景演练二**

（1）直播情景再现

某水果直播间内，主播小珑正在销售一批龙眼，她一边剥龙眼，一边向观众介绍龙眼的营养价值。公屏上很多观众发弹幕提问，龙眼真有那么多益处？吃多了会不会上火？含的维生素多吗？跟你说的一样吗？是不是真的？

（2）直播公屏分析

1）对于关注龙眼益处的观众，主播可着重介绍龙眼的营养价值。

2）对于对龙眼的营养价值存疑的观众，主播在回答其提问时，要结合龙眼的成分对龙眼的营养价值进行讲解。

（3）互动演练

> 主播：家人们，我们家的龙眼产自××（产地），属于一级品。
>
> 主播：龙眼富含膳食纤维、维生素C、铁、钾等多种营养元素。
>
> 公屏1：真有这么多营养成分？真的吗？
>
> 主播：当然有，这些都是有科学依据的，大家可以上网搜索，就能看到龙眼的营养价值。
>
> 主播：大家看我们家龙眼的外观，上面有一层薄薄的白色粉末，这是龙眼的天然果胶，可助消化和排毒。我们家的龙眼都是精挑细选的一级××（产地）龙眼，精心采摘、细心包装，最大程度保留龙眼的鲜甜和香气。
>
> 主播：我现在给大家剥一个看看，替大家尝一尝。
>
> 主播：看这个果肉多么饱满，晶莹剔透、肥厚多汁，一咬就流出果汁来，太好吃了！
>
> 公屏2：吃多了会不会上火？
>
> 主播：龙眼是温性水果，适量食用对补气养血、润肺止咳有一定帮助，但是过量食用易引起上火！龙眼虽好，但不要贪吃哦！
>
> 主播：今天直播间特惠价，××（产地）龙眼，一级龙眼，8元1斤，爱吃的家人们千万别错过！来，家人们，13号链接，上龙眼！

3. 互动注意事项

（1）主播在介绍营养价值时，不能虚假宣传、夸大其词，更不能为了销售而虚构不存在的营养价值。

（2）面对观众的质疑甚至阴阳怪气，主播要保持平常心，不要被观众的负面言论影响，应坦诚且坚定，实事求是地解答观众的疑问。

6.3.3 化解健康问题话术情景演练

1. 情景演练一

（1）直播情景再现

某农产品直播间正在销售一批农家土鸭蛋，主播小秦正兴冲冲地为直播间的观众介绍鸭蛋的营养价值，但是观众们似乎不太认同，很多人说鸭蛋吃多了不健康。一时间直播间里十分热闹。

小秦一边给鸭蛋剥皮，一边介绍鸭蛋的营养价值，在他耐心讲解下，渐渐地，有许多观众开始有下单意愿，纷纷询问小秦鸭蛋的价格、优惠活动等。

（2）直播公屏分析

1）有观众质疑鸭蛋的健康价值，主播要针对他们质疑的关键点进行解答。

2）有观众质疑就有观众相信，主播要多与这些观众互动，以此来加强对直播间发言导向的控制。

（3）互动演练

> 主播：谢谢，谢谢各位新老朋友，新来的小伙伴们可以点个关注！订阅没有点，感情走不远，关注没有上，永远在闲逛！
>
> 主播：我们家的鸭蛋是货真价实的农家土鸭蛋，散养的鸭子吃的是天然饲料，鸭蛋都是绿色健康无污染的好鸭蛋。
>
> 公屏1：鸭蛋吃多了容易胆固醇高吧？
>
> 公屏2：是，鸭蛋不能多吃，不健康。
>
> 主播：咱们吃东西讲究一个适量！
>
> 主播：鸭蛋确实含有相对较高的胆固醇，但是不要忘了哦，鸭蛋里含量最高的是蛋白质，科学、适当地吃一些鸭蛋，对人的身体健康是有好处的！
>
> 公屏3：就是，啥东西都不能吃多了。
>
> 公屏4：直播间有优惠吗？
>
> 主播：咱们的农家土鸭蛋，1打12枚，24元1打哦！
>
> 公屏5：这么贵？
>
> 公屏6：就是，1个2块钱！太贵了吧！
>
> 公屏7：主播不要太黑心！
>
> 主播：大家可以看一下土鸭蛋的平均价格，咱们这个是良心价。另外，也可以查看我们的销量和评价，这些都是我站在这里给大家推荐的底气。
>
> 主播：我看到刚才也有朋友问了，有没有优惠，关注我直播间的家人们都知道，平时真的很少做优惠活动，因为成本摆在那里。今天有很多新朋友进入直播间，加上马上就要过春节了，这样吧，今天一次让利到底，给大家打8折！

公屏8：我以前买过几次，这个鸭蛋确实可以。

公屏9：那我先买点试试。

主播：谢谢大家的支持，鸭蛋在3号链接哦，还有10分钟就要下播了，大家抓紧时间！

2. 情景演练二

（1）直播情景再现

某农产品直播间内，主播小莹正拿着一瓶蜂蜜向观众展示，助播还准备了另外几种不同花源的蜂蜜等待展示。公屏上不断有人发弹幕提问，这个蜂蜜真的纯天然吗？有没有添加剂？有没有防腐剂？有没有结晶？

（2）直播公屏分析

1）询问蜂蜜是不是纯天然、有没有结晶等问题的观众，对蜂蜜的安全性比较关心，主播要注意介绍蜂蜜的制作过程等，如使用什么花源、是否经过检验、是否符合标准等。

2）询问蜂蜜是否含有添加剂、防腐剂等问题的观众，对蜂蜜的成分比较关心，主播可以通过展示产品成分表、播放蜂蜜制成过程视频等来打消他们的顾虑。

（3）互动演练

主播：今天我给大家带来一款纯天然高品质的农产品——××（产地或名称）蜂蜜。

公屏1：真的纯天然？

公屏2：有没有添加剂？

公屏3：不会越喝越胖吧？

主播：真正的纯天然！蜂蜜是我们自家养殖的中华土蜂从自然花源中采集的，没有任何添加剂。

公屏4：有没有防腐剂？

公屏5：倒出来看看。

主播：我们的蜂蜜是不含任何防腐剂的，是完全依靠自身的抗菌性和抗氧化性来保鲜的！

> 主播：我倒出来给大家看一下这瓶蜂蜜的质地。蜂蜜是非常浓稠的，我用勺子挑起一勺，它像丝线一样拉长，不断流淌，非常有光泽。
>
> 公屏6：有没有结晶？
>
> 主播：这种蜂蜜是没有结晶的，它采自混合花源，结晶点比单一花源的高。而且我们的土巢是放在恒温恒湿的仓库里保存的，没有过大的温度变化。我们的蜂蜜是呈液态的，没有任何结晶或沉淀。

3. 互动注意事项

（1）主播对于直播间内观众的不友善发言，要以理服人，使用专业的手段解决，不要与其针锋相对。

（2）主播在解答健康价值的问题时，不能弄虚作假、夸大其词，要实事求是。

第 7 章
直播催单话术

7.1 催单7"讲" /111

7.2 直播催单话术情景演练 /114

7.1 催单7"讲"

7.1.1 讲利益

1. 品质更好，价格更低

主播可以强调农产品的品质，让观众明白农产品的优势。例如，"今天给大家推荐的是产自××（产地）地区的优质苹果，得益于当地的土壤和气候条件，这种苹果的口感非常好，品质远胜于市面上的普通苹果，4元1斤的价格，平时很难买到哦！"

2. 不仅味道好，还很健康

主播可以强调农产品的营养价值，让观众觉得农产品不仅好吃，还有益于身体健康。例如，"大家知道猕猴桃口感软糯、酸甜适中，除了好吃，它的维生素C含量比较高，维生素C能够提高身体的免疫力，让我们的身体更加健康。"

3. 产品稀缺，很受欢迎

主播可以从市场供需方面讲解产品的稀缺性，让观众了解农产品的受欢迎程度。例如，"家人们，这个品种的核桃每年产量有限，就卖这几天，再买要等明年了。"

7.1.2 讲机会

1. 这是第一次，要把握机会

主播可以强调直播间是第一次做优惠活动，也是折扣力度最大的一次，提醒观众尽快购买。例如，"家人们，今天是第一次开播卖蜂蜜，希望有更多人了解我家的蜂蜜、认可我家的蜂蜜，今天直接给予最有诚意的地板价。等相关配套服务都完善了，折扣的形式和力度就不一样了，今天的开播优惠一定要把握住哦！"

2. 这是今年最后一次，不要错过

主播可以强调这是短期内最后一次做活动或者推荐某种农产品，提醒观众不要错过。例如,"家人们,今天是直播间最后一次销售这款干香菇,以后什么时候再销售,还没有明确的计划,有需要干香菇的家人别再观望了,真的是最后一天!"

3. 特殊优惠,今年只有这一次

主播可以强调某种优惠是在特殊情况下才有的,提醒观众这样的机会可遇不可求。例如,"家人们,这次是平台的 3 周年庆典,直播间特别推出了 7.3 折优惠哦!这种福利是可遇不可求的,今年只有这一次。这个折扣适用于直播间内所有在售农产品,只要直播间在售的,都是 7.3 折!"

7.1.3 讲时限

1. 限时销售

主播可以强调农产品销售得特别快,库存不足,因此只能限时销售一段时间。例如,"家人们,这批橘子实在是卖得太火爆了,我们的采购人手不足,目前库存确实有些跟不上销售速度了,因此只能限时销售 15 分钟,从我说'上链接'开始计时,大家做好准备哦!"

2. 活动结束倒计时

主播可以强调优惠活动即将结束,结束后将恢复原价。例如,"家人们,活动真实有效,已经火热进行 50 分钟了,距离活动结束还有 10 分钟,10 分钟后就会恢复原价,想要尝试一下我家农产品的家人们千万别再犹豫了!"

7.1.4 讲数量

1. 限定农产品数量

主播可以强调只有固定数量的货物,既可以给观众一个心理预期,也可以营造一种紧迫感。例如,"家人们,现在是夏天,各品种的西瓜卖得都很火爆,更别说这个××(产地或品牌)的无籽西瓜了,真的很难拿货,得亏我们和果园密切合作了好几年,这才拿到了 500 斤西瓜,就 500 斤!卖完即止,没有补货!"

2. 限定福利数量

主播可以限定福利数量,如将优惠限制为仅前 100 名下单的顾客可享受。例如,

"家人们，这批猕猴桃的定价确实挺高的，但我们的采购成本也很高，因此8折的福利只有前100名下单的家人才有哦！而且由于库存紧张，每人最多只能买20斤。"

3. 告知剩余产品数量

主播可以强调经过火热销售，产品数量已经所剩不多，借此催促观众迅速下单。例如，"真别等了家人们，我刚才看了下后台，这批鸭梨今天早上刚到了5 000箱，现在只有不到100箱了，而且一直有人在下单，我估计最多再有10分钟就要被抢完了！还没出手的家人们，再不出手就晚了！"

7.1.5 讲赠品

1. 赠送同款农产品

主播可以选择"买一送一""买三发五"等类型的福利活动直接赠送正在销售的农产品。例如，"家人们，今天推荐的茶叶喜欢吗？为了回馈大家，今天直播间有买一送一的福利哦，自己喝得好，也可以给家人、给朋友、给同事分享一下，赶快下单吧！"

2. 赠送配套用品

主播可以选择一些配套用品作为赠品随单赠送，如卖土豆送削皮刀、卖西瓜送叉子、卖茶叶送茶杯等。例如，"家人们，今天给大家推荐的柠檬汁水充足，特别适合用来榨汁，今天大家消费满100元，就赠送柠檬榨汁器一个，随单发货，这款榨汁器操作简单，携带方便。"

3. 赠送虚拟物品

主播可以将一些虚拟物品作为赠品，如优惠券、购物积分等。例如，"家人们，今天在直播间买水果就送2张优惠券哦，优惠券是满50元减10元，下次购物即可使用，非常划算！只要下单就有，全平台通用！"

7.1.6 讲价格

1. 特价销售

主播可以强调当天有特价销售活动。例如，"家人们，整个7月份直播间每天都有特价活动哦，但每天的活动产品不同，昨天是橙子特价，今天是葡萄特价，昨天没有买橙子的家人们是不是就亏了？所以啊，喜欢葡萄的家人们，今天可不要错过了，明天特价的农产品又变了哦!"

2. 限时销售

主播可以强调当天的价格是当月最低价,提醒观众抓住机会尽快购买。例如,"家人们,月底了,咱们直播间的黑布林也热卖快一个月了,虽然一直有些优惠,但是说实话力度不是很大,今天直接地板价,12元1斤!没有听错,就是这么任性!我敢保证,这绝对是本月最低价,这都是有据可查的真实数据。"

7.1.7　讲库存

1. 库存告急

主播可以强调库存已经告急,补货时间未定。例如,"非常感谢家人们的支持,开播刚满10分钟,直播间已经卖出4 000多箱哈密瓜了,你们太给力啦!还没有抢到的家人们要注意了,刚才我看了下后台,哈密瓜的库存已经告急,还有不到300箱!补货时间未定,别犹豫啦!到时候人家吃着等,你是等着吃。"

2. 清仓甩卖

主播可以强调,由于某些原因,直播间将开启清仓大甩卖,某些产品将低价出售。例如,"家人们,马上就要换季了,天气要热起来了,这会增加我们储存和运输的成本,最后这4 000箱香蕉直接进入'清仓甩卖'模式!全部6折出售,喜欢吃香蕉的家人们别错过哦,这价格'无敌'了。"

7.2　直播催单话术情景演练

7.2.1　利益催单法情景演练

1. 情景演练一

(1) 直播情景再现

某农产品直播间正在销售一批新鲜土豆(马铃薯),主播小明正在向观众介绍这款土豆的特点，直播间人气火爆，观众纷纷在公屏上询问自己较为关心的问题，如土豆的产地和品种、土豆的价格和优惠活动、土豆的做法和相关菜谱。

（2）直播公屏分析

1）关注土豆产地和品种的观众，可能对土豆的品质和口感感兴趣，主播要抓住土豆的产地特点和品种优势进行介绍。

2）关注土豆价格和优惠活动的观众，可能对于价格比较敏感，属于只要价格足够划算就会囤货的类型，主播要突出土豆的性价比和直播间的优惠力度，激发观众的购买欲。

（3）互动演练

> 主播：给大家看看咱们的新鲜土豆，个个圆润饱满、皮薄肉厚、颜色金黄！
>
> 公屏1：这个土豆是哪里产的？
>
> 公屏2：这是什么品种？
>
> 主播：这些土豆都是产自××（产地）的优质品种，那里是土豆种植基地，有着得天独厚的自然条件。这些土豆采用了无公害、无污染的绿色种植方式，保证了土豆的品质和安全。
>
> 公屏3：多少钱1斤？
>
> 公屏4：有没有优惠？
>
> 主播：家人们，今天我们直播间给大家一个超级优惠的价格，只要2元1斤！你们想想，这么新鲜、这么优质的土豆，只要2元1斤，多么实惠啊！而且今天在我们直播间下单，不仅可以享受10斤包邮的服务，还可以获得我们的独家赠品——一本土豆菜谱！这本菜谱里收录了各种用土豆做的美味佳肴，有家常菜、小吃、甜品等，都非常简单易学，你买了土豆就可以按照菜谱自己动手做啦！
>
> 公屏5：能不能现场示范一下？
>
> 主播：今天我就给大家分享几个非常简单又美味的土豆食谱。第一个是土豆泥，土豆泥是一道很经典的西餐配菜，老少皆宜，做法很简单……（描述做法）。第二个是土豆炖牛肉，这是一道家常菜，也是很下饭的一道菜，做法非常简单……（描述做法）。
>
> 公屏7：听着都要流口水了，已下单，坐等收货。

2. 情景演练二

（1）直播情景再现

某农产品直播间正在销售一款枸杞子，主播小美正在向观众展示这款枸杞子的品质，直播间人气爆棚，观众纷纷在公屏上询问自己较为关心的问题，如枸杞子的产地和规格、枸杞子的食用方法和注意事项、枸杞子的价格和优惠活动、枸杞子的配送和售后等。

（2）直播公屏分析

1）关注枸杞子产地和规格的观众，可能对不同地区和品种的枸杞子有不同的认识或偏好，主播要抓住枸杞子的品质优势吸引观众。

2）关注枸杞子食用方法和注意事项的观众，可能对如何正确食用枸杞子有疑问，主播要结合季节和体质给出合适的建议。

（3）互动演练

> 主播：粒粒臻选，绿色健康，今天我给大家带来一款非常受欢迎的农产品——新鲜枸杞子！
>
> 公屏1：这是哪里的枸杞子？
>
> 公屏2：品种有区别吗？
>
> 主播：这些枸杞子产自××（产地），这里是著名的枸杞子种植基地，这些枸杞子是××（品种）品种，颗颗饱满、干净红亮。健康生活，我选××（品种）好枸杞子。
>
> 公屏3：怎么吃比较好？
>
> 公屏4：有没有食用禁忌啊？
>
> 主播：枸杞子的食用方法很多，可以泡水、泡茶、泡酒、煲汤、炒菜、做甜品等。枸杞子不宜过量食用，过量食用会导致上火、流鼻血、眼睛不适等。
>
> 公屏6：直播间有优惠吗？
>
> 主播：家人们，来得早不如来得巧，本来直播间的价格就已经比市面上低很多了哈，但是今天我们有限时8折活动，全场前100名下单的朋友享受8折优惠！
>
> 公屏7：怎么配送？

公屏8：售后怎么样？

主播：家人们，我们的枸杞子都是从××（产地）直接发货，采用专业的防潮防压包装，确保枸杞子在运输过程中不受损伤。我们承诺48小时内发货，如果你们收到货后有任何问题或不满意，可以随时联系我们的客服人员，我们会尽快处理。我们提供7天无理由退换货服务，让你们买得放心，吃得安心。

3. 互动注意事项

（1）主播要避免对观众的问题和反馈不予回应或者敷衍了事，要及时和观众进行有效沟通和互动，增强观众的利益获得感和信任感。

（2）主播要避免对农产品的介绍过于单调或者过于复杂，要直观描述农产品能给观众带来的利益点，让观众清楚地了解农产品的特点和优势。

7.2.2 价格催单法情景演练

1. 情景演练一

（1）直播情景再现

某农产品直播间内，主播小粟正在给观众介绍几款辣椒，很多人都对其中一款特级辣椒很感兴趣。一些观众在公屏上询问自己关注的问题，如辣椒辣度、价格、优惠活动等。

（2）直播公屏分析

1）由于辣椒的辣度差异较为明显，对于询问辣度的观众，主播要注意将不同的口感描述清楚。

2）对于询问价格和优惠活动的观众，主播可以给出所售多款辣椒的价格对比图和折扣力度，推动销售。

（3）互动演练

主播：家人们，下面我给大家介绍一款××（产地）特级辣椒，××（产地）辣椒在全国都很有名，香辣鲜美，爱吃辣的朋友别错过。

主播：这款辣椒是我吃过最好吃的辣椒，没有之一！不管是做麻辣火锅，还是拌凉菜，或是炒肉，都能给菜肴增添无穷的风味！

公屏1：这个辣椒看起来很红啊，是不是加了色素？

公屏2：我喜欢吃辣的，但是怕上火。

公屏3：这个辣椒有什么特别的吗？

主播：这款辣椒颜色鲜艳、香气浓郁，是纯天然绿色产品。

公屏4：辣度怎么样？

主播：这么说吧，我们吃辣火锅时会发现，辣火锅越煮越辣，如果那个辣度你们能接受的话，那咱们这个特级辣椒你一定要入手，吃起来麻辣鲜香，爽极了。

公屏5：多少钱一包啊？

主播：全国统一价5元一包，每包50克。无论是现在日常直播还是活动大促直播都是一样的价格，价格实惠，不搞套路不忽悠！

公屏6：这么便宜啊？

公屏7：我要买10包，有没有优惠？

主播：我的直播间就是为了给家人们谋福利的，辣椒要的多的家人们可以先把需要的量加入购物车，然后联系我们的客服调整价格，10包以上可以享受咱们的团购特惠价！直接打8折！

主播：数量不多，家人们抓紧时间，晚了就抢不到了！

2. 情景演练二

（1）直播情景再现

某农产品直播间正在热卖几款水果，恰逢直播平台做活动，购物达到指定金额可以领取多重福利优惠。主播小林一边向观众介绍草莓的产地和品质差异，一边给大家讲解如何获取平台福利。

（2）直播公屏分析

1) 对于大型的、计算方式较复杂的促销活动，很多观众短时间内无法了解规则，观众无法全面掌握活动信息，虽然有购买意愿，但在获取优惠价格方面还存在疑虑。

2) 很多观众乐于通过完成一系列操作来获取更优惠的下单价格，完成的任务越多，沉没成本越高，购买的意愿越强烈。

(3) 互动演练

> 主播：家人们，现在是"草莓季"，草莓价格优惠，恰逢平台庆典活动，优惠力度叠加，错过今天可就没这个价格了！
>
> 公屏1：难道不是"双十一"价格最低吗？
>
> 公屏2：价格看起来也没啥吸引力。
>
> 主播：这次庆典优惠力度很大！各种优惠券、红包，再叠加直播间专属优惠券和会员福利红包，多重优惠、双倍红包，组合减免，价格真的低到冰点！经常在这个平台购物的家人们应该能够感受到这次活动力度的不同！
>
> 公屏3：这次给的优惠券金额确实比之前大。
>
> 公屏4：怎么搞优惠价格？在哪领券下单？
>
> 公屏5：红包怎么领？怎么老是领取失败？
>
> 主播：家人们，家人们！在平台主页面找到活动会场的入口，然后在活动页面找水果食品类优惠券，找到水果食品类优惠券后选择对应的满减价格，注意不要领错了啊，领错是不能使用的！
>
> 主播：领完优惠券返回活动页面，找到红包入口，参加领红包活动，领取后再去页面下方领取品牌方给的专属红包！
>
> 公屏6：优惠券领到了。
>
> 公屏7：真麻烦，太费脑子了！
>
> 主播：领完平台的满减优惠券、抵扣红包和品牌红包后，再关注主播，点完关注可以领取会员专属优惠券，还能在交流群中领取会员专属红包！
>
> 主播：还没领完的家人们抓紧时间，抓紧时间！所有福利都领完的家人们，注意了，看直播间的9号链接，再等1分钟，马上开抢！

3. 互动注意事项

（1）主播在介绍价格时，要循序渐进地引导观众们理解优惠幅度，不能一股脑说出来，以免效果大打折扣，不能让观众们感受到自己真的得到了实惠。

（2）主播要清楚不同价格的设置条件，不能模糊不清，以免出现直播间的混乱争吵，造成直播事故。

7.2.3 时限催单法情景演练

1. 情景演练一

（1）直播情景再现

某农产品直播间正在销售紫皮独头蒜，主播小彤正在拆开一包紫皮独头蒜准备向观众展示细节，直播间已经有不少观众聚集，很多观众在公屏上询问其关注的问题，如单包重量、库存、优惠活动等。

（2）直播公屏分析

1）对于没有抢到紫皮独头蒜的观众，主播可以配合运营将占掉后台库存却未付款的观众清掉，释放可以购买的库存。

2）对于关注直播间有无优惠的观众，主播要通过强调限时活动进行催单。

（3）互动演练

> 主播：大家仔细看这个紫皮独头蒜，皮薄肉厚，个大饱满，今天在直播间只要20元1份，在屏幕下方的3号链接，限量500份，限时5分钟大家也都知道好的大蒜都是农家种植、现挖现卖，所以只有500份，卖完就没有啦！
>
> 公屏1：一整包的重量是多少？
>
> 主播：有宝宝问单包重量是吧？我们单包是2斤装，也就是10元1斤，非常实惠！宝宝们现在全靠各位的手速啦，赶紧去抢咯！今天限时限量特价，我们上架只卖5分钟，真的不夸张，只有5分钟，我倒数三个数——3！2！1！好，上链接，500份库存加满，大家开冲！
>
> 公屏2：没抢到能不能加库存？
>
> 主播：还有没抢到的吗？没抢到的公屏扣出来让我看一看，现在已经拍到的宝宝们一定要抓紧时间付款，运营给我看一下后台有多少人还没付款的，5分钟没付款的关闭订单、释放库存，把机会让给其他想买的宝宝！
>
> 主播：没买到的宝宝等1分钟，看还有哪些宝宝不想付款的，咱们就把机会让给有需要的宝宝啦！大家想买的抓紧时间！
>
> 公屏3：明天直播还有没有优惠？

> 主播：好，1分钟到了，我看看，还有30多个没付款的，麻烦运营帮忙关闭未付款订单，咱们把机会让给有需要的宝宝哈！我看到有宝宝问明天直播有没有优惠，这款紫皮独头蒜是最后的500份现货，限时限量特价，今天下午全部发出，抓紧时间下单哟！

2. 情景演练二

（1）直播情景再现

某农产品直播间正在热卖香蕉，主播小瑜正在引导观看直播的观众抓紧最后的时间抢单，观众纷纷在公屏上询问自己关注的问题，如发货时间、包装运输、新鲜程度等，主播小瑜不断通过倒计时来强调直播间的活动进度。

（2）直播公屏分析

1）关注香蕉发货问题的观众，可能比较关注农产品在快递中的保鲜问题，主播可以从包装、仓储、物流等角度给予专业解答。

2）主播在倒计时的时候要把握好节奏，倒计时的同时要注意公屏互动，及时解答观众的疑问。

（3）互动演练

> 主播：香蕉拍单倒计时啦！还没下单的赶紧下单！香蕉的优惠数量有限，抓紧时间抢，最后5分钟，我马上要下播准备明天的直播产品啦！
>
> 公屏1：什么时候发货？
>
> 主播：我们的香蕉没有任何添加剂、农药残留等，所有已下单的宝宝，在公屏发"已下单"，让主播看到，我们承诺24小时内发货，这款香蕉你们拿到后是非常新鲜的。
>
> 公屏2：县城发过来会不会坏？
>
> 公屏3：什么包装？
>
> 主播：我们的香蕉现摘现发，全程冷链运输，香蕉在适宜的温度和湿度下可以保存较长时间。
>
> 公屏4：已下单！
>
> 主播：还有最后3分钟，还没有买到的宝宝赶紧下单，卖完就没有了！还有想问

的、想说的抓紧时间，咱们公屏赶紧发，让主播看到！最后3分钟，想吃好吃的香蕉就不要犹豫，市场上香蕉绝对不止这个价钱了，所有家人们最后两分钟啦，赶紧下单，时间到了我就下播啦！

公屏5：库存还有没有？

主播：还有最后一点库存，放心拍，大胆拍！最后1分钟啦，没买过我家香蕉的宝宝们，真的建议你们尝试下，不会让你们失望的！倒计时最后10秒，抓紧时间下单，主播也不等大家了，倒计时10秒，10！9！8！……1！

3. 互动注意事项

（1）主播在营造时间紧迫的氛围时，要注意给观众预留反应的时间。

（2）主播要不断强调截止时间，传达"错过了就没有了"的活动规则，对于直播间里一些没抢到农产品的观众，主播要及时安抚他们的情绪，不要忽略观众的感受。

7.2.4 赠品催单法情景演练

1. 情景演练一

（1）直播情景再现

某农产品直播间正在销售一款核桃，主播小蜜正在向观众展示这款核桃的品质，直播间人气火爆，观众纷纷在公屏上询问自己较为关心的问题，如核桃的产地、价格、优惠等。

（2）直播公屏分析

1）关注核桃产地的观众，可能对不同地区和类型的核桃有不同的偏好或者认知。

2）关注核桃价格和优惠的观众，可能想根据直播间的优惠力度，判断是否值得购买。

（3）互动演练

主播：福到、爱到、健康到！今天我给大家带来了一款非常受欢迎的农产品——核桃！咱家的核桃个个饱满圆润、壳薄肉厚。

公屏1：这个核桃是哪里产的？

主播：这些核桃都是产自××（产地）的优质纸皮核桃，××（产地）是我国著名的纸皮核桃种植基地。

公屏2：直播有活动吗？

公屏3：现在下单有赠品吗？

主播：家人们，晚到不如早到，早到不如巧到，你们来得正是时候，今天直播间福利大放送，只要在我们直播间下单，都可以获得我们的独家赠品——一包50克的核桃仁！这包核桃仁是我们专门为大家准备的精选去壳核桃仁，可以直接食用，也可以用来煲汤或做各种美食，食用方便且美味。

公屏4：听着还不错。

公屏5：你们家好久不做这种赠品活动了。

主播：好了，家人们，话不多说，只要你们在直播间下单购买我们的核桃产品，就可以免费获得这包核桃仁，要抓紧时间哦！

主播：现在已经有多少人下单了呢？（主播查看订单数量）哇！已经有50多人下单了！你们还在等什么？赶紧去抢吧！

2. 情景演练二

（1）直播情景再现

某农产品直播间正在进行山药新品上市活动，主播小柠正在直播间向观众介绍山药的品种、产地、营养价值、食用方法等信息，直播间的观众很感兴趣，纷纷留言询问山药的更多细节，也有不少观众表示想要购买。为了增加销量和客户满意度，小柠准备了一些赠品，包括山药粉、山药薄片、山药饼干等，希望借此吸引更多观众下单。

（2）直播公屏分析

1）观众对山药已经有一定的认知和兴趣，说明主播推介做得不错，但是还需要进一步激发观众的购买欲，并引导其付诸行动。

2）观众关注赠品，说明其有一定的购买动机，因此主播要注意突出赠品的价值或稀缺性。

（3）互动演练

主播：上链接前先给大家科普一下，山药是一种营养价值很高的食物，被称为"地中之参"，是非常好的日常食用佳品。我们家的山药都是无农药、无污染的绿色食品，大家放心吃！

公屏1：有哪些吃法？

主播：山药的吃法很多，可以将山药煮熟后加点糖或蜂蜜拌着吃，还可以将其切成片、块炒或煲汤（描述做法），如山药排骨汤、山药炒肉片、山药鸡蛋羹等。它的味道清香，能增加菜肴的风味和营养。

公屏2：有赠品吗？

公屏3：我想买一些送给我妈妈，她最爱吃山药了，有优惠活动吗？

主播：相聚即是有缘，当然有优惠了！这款山药的原价是10.8元1斤，但是今天在直播间呢，只要6.8元1斤，而且有更多优惠等着你们！

主播：大家看，这些是今天的赠品，有山药粉、山药薄片、山药饼干等，都是用我们家的山药制作的，非常健康美味。买3斤山药可任选1份赠品，多买多得！赠品限量200份，赠完为止！

公屏4：也没感觉有多实惠啊。

主播：你们算一算，买3斤山药就能送一份赠品，赠品的价值可不低哦。山药粉可以泡水喝，能补充营养、美容养颜；山药饼干可以当早餐吃，能增加饱腹感；山药薄片是非常美味的零食。

公屏5：吃法还是蛮多的。

主播：家人们，你们还在等什么呢？快下单吧！这样的好机会可不要错过了哦！链接已经上了哈，1号链接，大家注意别选错！

3. 互动注意事项

（1）主播不要只是单纯地介绍农产品信息，要结合观众的需求和喜好做一些科普知识互动，或者介绍一些简单的食用方法以吸引观众注意。

（2）主播介绍赠品时要表述清楚，不要让观众产生困惑，宜选择与农产品关联性高的产品作为赠品。

7.2.5 数量催单法情景演练

1. 情景演练一

（1）直播情景再现

某农产品直播间正在限量销售新鲜萝卜，主播小诗将萝卜进行了多角度展示，还推荐了一些萝卜的吃法。萝卜的营养价值较高，再加上小诗展示的一些家常菜做法，很多观众在公屏上询问萝卜的价格、品质、新鲜度等，小诗耐心地进行解答。

（2）直播公屏分析

1）主播要注意引导观众关注农产品，使观众留在直播间，并促成其下单。

2）对于观众提出的与萝卜密切相关的问题，主播要认真回答。

（3）互动演练

主播：欢迎各位朋友来到小诗的直播间，今天给大家带来的是我们自家种植的××（品种名）萝卜，同时为大家解锁一些萝卜的家常做法。

公屏1：主播声音真好听！

公屏2：这个萝卜有啥特别吗？

主播：谢谢朋友们的支持，××（品种名）萝卜是非常优质的品种，口感好，吃法多，煲汤、生吃、腌制等都可以。

公屏3：做法还挺多。

主播：咱们的萝卜是农产品中的大爆款，在各大平台都卖得很火。

公屏4：别废话了，就冲小诗我也要买2斤。

公屏5：我也要2斤。

主播：家人们别急，非常感谢大家能够喜欢，这款萝卜卖得非常好，今天直播间只有300斤了，待会儿上链接，大家一定要手速快！

公屏6：怎么就300斤？直播间这么多人，不容易抢到啊！

主播：这款萝卜确实好卖，下批货还得等几天，今天会开放预购通道，不着急的家人，待会儿可以预购，一周左右到货后秒发。

主播：另外，看大家这么热情，今天除了这300斤爆款新鲜萝卜外，5号链接的姐妹款干萝卜条，会有9折优惠给大家哦，大家可以尝试一下！

公屏7：我要干萝卜条！

主播：好的好的，马上上链接，拼手速的时候到了！

2. 情景演练二

（1）直播情景再现

某农产品直播间内，主播小静面前的桌子上摆着一排红茶，这些茶叶旁边还有一些牌子，分别用醒目的颜色写着"回购率超过60%""好评率高达99%""季度销量高达20 000单"等宣传语。很多观众在公屏上询问红茶的价格、泡法等。

（2）直播公屏分析

1）爱喝茶的人都很在意茶叶的品质，主播要理解并帮助观众更好地做出选择。

2）主播在演示茶叶的冲泡方法、技巧时，要注意演示细节，同时强调茶叶的品质、口感、色泽等。

（3）互动演练

主播：家人们，××（品牌）家的热卖产品、上个季度茶叶的销量王——红茶来啦！创造一个季度2万单销量神话的茶叶，现在就在你们眼前！这款红茶香气浓郁、滋味醇厚，"茶"出品质，"茶"出风格！

主播：还有哦，这款红茶不仅卖得好，大家的反馈也特别好！各大电商平台的好评率达到99%，回购率超过60%，爱喝红茶的可以闭眼下单，绝不会错。平时不怎么喝茶的也可以尝试一下，我们有特价体验包。

公屏1：我喜欢喝红茶。

公屏2：这个牌子听说过，口碑不错。

公屏3：这个红茶怎么泡啊？有什么讲究吗？

主播：这款红茶的泡法很简单，沸水冲泡3~5分钟就可以饮用了。如果你想喝出更好的味道，还有一些小技巧哦。

主播：例如，你可以用玻璃杯或者陶瓷杯来泡，这样可以保持红茶的色泽，让人赏心悦目；还可以在水里加一点柠檬或蜂蜜，这样可以丰富红茶的层次感；还可以根据个人喜好，加一点牛奶或奶油，口感顺滑。

公屏 4：听起来很不错啊。

公屏 5：我也想试试。

公屏 6：你能不能给我们看看实物啊？

主播：当然可以啦！我现在就给大家展示一下我们家的红茶。你们看这个包装，简洁大方，上面有我们家的品牌标志和产品名称。每一包都是独立密封的，干净卫生，便于携带、饮用和储存。

主播：你们看这个茶叶，颗粒饱满，色泽均匀，没有任何杂质。闻一闻，就能感受到红茶的香气。我现在给大家冲一杯看看，（冲泡展示）你们看这个茶汤颜色，红艳透亮，不浑浊。尝一尝，就能品出红茶的醇厚和甘甜。

公屏 7：看起来很诱人啊。

公屏 8：我要买！

主播：今天直播间特惠价，一降到底！喜欢红茶的家人们千万别错过！来，上 6 号链接。体验包在 10 号链接哦！

3. 互动注意事项

（1）主播引用数据时，要选择简明易懂的数据，不要选择复杂难懂或者没有说服力、冲击力的数据。

（2）主播需要提前熟悉数据，不能在直播时使用过时的、错误的数据，以免误导观众，失去观众的信任。

第 8 章
直播收尾话术

▶ ▶ ▶

8.1 直播结尾5法 /131

8.2 直播结尾话术情景演练 /134

8.1 直播结尾5法

8.1.1 感谢式结尾

示例一

"感谢直播间里所有家人的真诚陪伴,感谢所有进入直播间的家人,非常感谢大家的支持,感谢大家的关注、点赞和下单!"

"我知道有很多家人从我晚上开播一直陪伴到现在,大家也都非常辛苦,再次感谢大家,爱你们呦,比心!"

示例二

"宝宝们,咱们今天的直播马上就要结束啦!非常感谢大家在咱们直播间的选购下单!希望大家在咱们直播间买得开心,买得放心!你们的满意就是我最大的心愿!"

示例三

"么么哒,家人们,我在这里十分感谢大家的陪伴和支持!祝直播间的家人们,坐东楼看西楼,吃喝啥也不用愁!我要下播了,咱们明天晚上七点,不见不散啦!"

8.1.2 促销式结尾

示例一

"非常非常感谢下单支持的宝宝们!还有3分钟就下播啦,还在犹豫纠结的宝宝们赶紧去链接里看看,抓紧时间下单呦!我在这里祝大家生活、学习、工作开开心心,顺顺利利!最后祝大家购物愉快!"

示例二

"马上就要下播了,笋干在13号链接,最后10单,库存卖完就没有啦!"

"今天的库存确实有限,最后10单,抢到就是赚到,赶紧去抢,宝子们,错过今天,以后不知道还有没有啦!"

示例三

"拍单倒计时啦!还没'上车'的赶紧'上车'啊!今天的优惠数量有限,我只能再给大家争取最后的5分钟,抓紧时间抢,最后5分钟啊!"

"马上就要下播了,我给宝宝们争取的是最高优惠,错过就没有了哦!大家还没'上车'的赶紧'上车'啊!"

8.1.3 福利式结尾

示例一

"如果没有大家的支持,就没有直播间今天的成绩,我们特别设置了感恩大礼包,给大家送福利!"

"抽完奖我就要下播了,大家把握时间哦!好了,现在,大家一起把'喜福临'抽奖口令发到公屏上吧!我们马上开始抽奖!"

示例二

"再过20分钟我就要下播了,为了感谢家人们对我的支持和厚爱,我特意准备了20份2斤装樱桃番茄作为礼物送给今天的幸运宝宝。"

"所有在直播间内购物金额超过300元的宝宝们都可以参加,大家把'我要中奖'发到公屏上。"

示例三

"又到了和家人们说再见的时候了,话不多说,我们还是老规矩,送福利!今天给大家准备的福利是红心火龙果,十分好吃的红心火龙果,是销量榜上的常客。"

"所有直播间的家人们都可以参加抽奖,大家积极发言啊!我们的奖品已经准备好了,现在让我们找出这些幸运儿!"

8.1.4 数据式结尾

示例一

"今天的直播非常成功,大家的热情给了我很大的鼓励,马上就要下播了,现在给大家汇报一下咱们今天的成绩,5 000单啊宝宝们,你们太给力啦!"

"我们直播间今天晚上卖出了5 000单火龙果,5 000单!这是一个很棒的成绩,感谢大家支持!"

示例二

"家人们,我想告诉大家一个好消息,咱们直播间的销量已经达到一个历史性的突破,大家猜一下,这个突破是什么?没错,就是突破100万元啦!我和宝宝们一起,刚刚达成了100万元的销售业绩!我马上要下播了,但是心情很激动,舍不得跟宝宝们说再见。"

示例三

"我们家春笋的单场累计销量已经超过900单,马上就要到1 000单了,可以说是销量和口碑齐飞!在下播之前,让我们一起向1 000单出发!"

8.1.5 预告式结尾

示例一

"陪伴是最长情的告白,大家的支持与喜爱我都接收到啦!明天咱们还是同一时间,下午一点到四点、晚上七点到十一点,不见不散哦!"

"明天也是福利多多、优惠多多!感恩生活,感恩有你们的一路相随,咱们明天见。"

示例二

"不知不觉,咱们今天的直播也要接近尾声了,有需要但是还在纠结的家人们,也可以等一等明天的直播。明天咱们直播的宝贝也非常丰富,直播宝贝清单今晚8点在我们的公众号上推送。咱们明天晚上六点半,不见不散啦!"

农产品直播口才训练

8.2 直播结尾话术情景演练

8.2.1 感谢式结尾话术情景演练

1. 情景演练一

（1）直播情景再现

某农产品直播间正在热卖几种纯天然蜂蜜，主播小园刚刚介绍完手中的最后一种蜂蜜——枣花蜜，今天直播间整体的销量很不错，观众热情友好，气氛其乐融融。

临近直播尾声，主播小园也完成了自己今天的销售任务，她情绪有些激动，真诚地向观众表达自己的感激之情。

（2）直播公屏分析

1）直播间公屏上的"熟面孔"，很多可能已经在直播间有过购物体验，并且感觉不错，所以经常来捧场并且关注直播间的相关信息。主播要抓住这部分活跃且忠实的客户，通过与他们在直播间互动营造良好的直播氛围。

2）完成枣花蜜的介绍后，可能距离直播结束还有一段时间，主播可以即兴发挥，切勿冷场。

（3）互动演练

主播：好了好了，宝宝们，咱们今天的直播马上就要结束啦！非常感谢各位在直播间购物，相信大家今天在咱们直播间购买的宝贝都是物美价廉的，也希望大家在咱们直播间所有的购物体验都是非常愉快的！

主播：在下播前，我还要给大家介绍咱们今天的最后一个农产品——枣花蜜，这个枣花蜜是咱们直播间的独家特色产品，是由专业养蜂人饲养的蜜蜂从枣树上采集的纯天然枣花花粉酿制而成的，入口非常香甜可口。

公屏1：（枣花蜜）怎么卖？

主播：这个枣花蜜原价是98元一瓶，但是今天在咱们直播间，主播给大家准备了一个超级优惠活动，只要在下单时输入优惠码"小园送你甜"，就可以立减30元，到手价只要68元，而且还包邮哦！

公屏2：也不贵啊，纯天然吗？

主播：当然是纯天然啦！咱们这个枣花蜜是经过国家级权威机构检测认证的，没有任何添加剂、防腐剂、色素等人工成分，纯正无添加，大家可以放心购买！

公屏3：枣花蜜和其他蜂蜜有什么区别？

主播：枣花蜜和其他蜂蜜的区别主要是花源不同，枣花蜜是由枣花花粉酿制而成的。枣花蜜的味道比较浓郁、甘甜，而且含有丰富的铁元素，对于贫血、面色暗黄、气色不佳的人群有一定的帮助！

公屏4：枣花蜜怎么吃？

主播：枣花蜜的食用其实很简单。用温水冲泡，早上空腹喝可促进胃肠蠕动，加速新陈代谢；用牛奶冲泡，晚上睡前喝可改善睡眠质量；平时做菜或者泡茶时也可以加一点枣花蜜，提味增香。

主播：枣花蜜是百搭又美味的健康食品，大家可以根据自己的喜好和需求来搭配食用哟！需要的宝宝们看我们的5号链接！

公屏5：买点试试，看起来还行。

主播：记得输入优惠码"小园送你甜"！

主播：咱们今天的直播就要结束啦！非常感谢各位在直播间陪伴我度过了愉快的几个小时，也非常感谢各位对咱们直播间农产品的认可和支持。希望大家都能尽快收到咱们的蜂蜜，在这里祝福各位宝宝天天快乐，生活、学习、工作顺利！

2. 情景演练二

（1）直播情景再现

某水果直播间正在销售几种时令水果，主播小苗正在向观众介绍今天直播的最后一种水果——山竹。此时直播已接近尾声，但观众仍很活跃，有的观众仍在公屏积极与主播互动，询问山竹的品质、口感、营养价值，以及明天的直播时间等。

（2）直播公屏分析

1）询问山竹新鲜度和口感的观众，可能对山竹的品质比较关心，主播可以通过展示果肉,打消他们的顾虑。

2)询问明日开播情况等相关问题的观众,主播可以引导他们添加关注,增加直播间观众数量,提高直播间的关注热度,也能让观众及时了解直播间的动态。

(3)互动演练

> 主播:家人们,咱们今天的直播就要结束啦!我最后给大家推荐的是山竹,咱们家的山竹都是原产地新鲜采摘后直发,最大限度地保证新鲜度。
>
> 公屏1:真的新鲜吗?甜不甜啊?
>
> 主播:现采直发,保证新鲜,坏了给大家包赔。
>
> 主播:这个山竹可甜啦,还很容易剥皮,只要用手轻轻一掰就可以打开,你看这个果肉白白嫩嫩的,非常细腻柔软。
>
> 公屏2:多少钱?有没有坏的啊?
>
> 主播:家人们放心,咱们直播间的东西都是保质保量的!
>
> 主播:这批山竹有3斤、5斤两种规格,3斤装原价是78元,5斤装原价是108元,今天直播间有特别优惠价,只要58元就可以拿下3斤装、88元拿下5斤装,这个价格真的是非常划算,比市场上便宜了不少呢!
>
> 主播:山竹的库存不多了,就最后6单了,大家抓紧下单,我马上就要下播啦!
>
> 公屏3:明天几点开播?
>
> 主播:明天咱们还是同一时间,晚上六点到十点,明天直播间也是福利多多、优惠多多!
>
> 主播:感谢今天直播间所有的家人们,感谢大家的关注、点赞和下单。大家的支持与喜爱我都收到啦,感恩有你们的一路相随!咱们明天见!

3. 互动注意事项

(1)主播在向观众表达谢意和感激之情时,一定要由心而发,不能虚情假意,更不能敷衍了事,否则不仅不能让观众产生共鸣,还很有可能导致负面效果。

(2)主播在向观众表达谢意和感激之情时,不能自说自话、自我感动,不能忽视观众的回应。

8.2.2　促销式结尾话术情景演练

1. 情景演练一

（1）直播情景再现

某水果直播间正在热卖山楂，直播马上就要结束了，山楂的库存也不多了，主播小兰决定采用促销的方式把剩余的山楂销售出去，她不断强调剩余单数，告知购买链接，直播间里十分热闹。

（2）直播公屏分析

1）临近直播尾声的时候，观众对于"收摊甩卖"的信任感较强，他们也更乐意接受这个时段的促销活动。

2）对于没有抢到促销农产品的观众，主播要及时回复并引导他们到其他链接下单。

（3）互动演练

> 主播：我马上就要下播啦，这批××（产地或名称）山楂放在 13 号链接，还有最后一点库存，卖完就没有啦！
>
> 公屏 1：山楂好吃吗？
>
> 主播：13 号链接的山楂是今天新上的，现在还有最后几单，赶紧去抢，宝子们，错过今天，不知道什么时候再有啦。
>
> 公屏 2：13 号是什么品种？
>
> 公屏 3：我喜欢酸酸甜甜的山楂。
>
> 主播：13 号是××（产地或名称）山楂的一个新品种，口感是酸中带甜，如果你平时喜欢喝柠檬水或爱吃酸味糖果、果汁等食品，别错过这款山楂。
>
> 主播：喜欢酸味重的宝宝们，去冲 11 号链接，11 号链接是××（产地或名称）山楂，有一点酸，清爽的酸，大家都能接受。
>
> 公屏 4：库存没有了！
>
> 主播：13 号库存没了，最后几单大家也抢完了。大家还有需要的宝子们可以联系客服，要一下预售链接，到货后立马给你们发货。
>
> 公屏 5：还有吗？

主播：没抢到的不要慌！宝宝们看 8 号、11 号链接，这两个链接还有一点库存，8 号偏甜，11 号偏酸大家根据自己的喜好拼手速了，下方购物车里还有库存的都可以抢，离本场直播结束还有 5 分钟。

2. 情景演练二

（1）直播情景再现

某农产品直播间正在销售土鸡，主播小娟正在引导观众抓紧时间抢单，观众纷纷在公屏上询问关于土鸡的问题，如养殖方式、鸡肉质量、食用方法等，主播小娟一边解答大家的疑问，一边不断通过倒计时来调动直播间的销售气氛。

（2）直播公屏分析

1）询问土鸡养殖方式的观众，可能比较关注鸡肉的食用安全问题，主播可以从生态环境、饲料等方面进行讲解。

2）询问土鸡食用方法的观众，可能比较关注土鸡的做法和搭配，主播可以详细介绍烹饪方式，条件允许的话可以进行示范。

（3）互动演练

主播：××（产地或名称）土鸡拍单倒计时啦！抓紧时间抢购，最后 5 分钟！

公屏 1：这土鸡是怎么养的？

主播：我们家的土鸡是散养的，而且没有使用任何激素、抗生素。

主播：它们在山里主要吃谷物、青草、虫子等，吃饱了就晒晒太阳，吃得好、睡得好、运动量又足，所以我们家土鸡的肉质非常鲜嫩、有嚼劲。

公屏 2：怎么做好吃？

公屏 3：能不能做火锅？

主播：怎么做都好吃，白切鸡、红烧鸡、盐焗鸡、叫花鸡等，都非常好吃！喜欢吃火锅的，把土鸡肉切成小块，放入开水中汆一下去掉血水，再放入火锅中就可以了，这样做出来的火锅土鸡肉非常滑嫩、入味，而且不腥。

公屏 4：已下单！

主播：还有最后 2 分钟，还没有买的宝宝赶紧下单，卖完就没有了！还有想问的、想说的抓紧时间，咱们公屏赶紧发，让我看到。

> 主播：最后1分钟，好吃的土鸡不用犹豫，超市、菜市场里卖的土鸡绝对不止这个价钱。
>
> 主播：放心拍，大胆拍！没买过我们家土鸡的家人们，真的建议你们尝试一下，绝对不会后悔的！倒计时最后10秒，抓紧时间下单，倒计时10秒，10！9！8！……1！

3. 互动注意事项

（1）主播可以利用最后几单和倒计时反复进行催单，不断营造库存紧张、时间紧迫、要抓紧抢购的氛围，但同时要给观众留足反应时间，不要切入得太过突然，以免引发直播事故。

（2）促销时要注意方式，避免出现实际情况与主播说法不符的情况，引起观众反感。

8.2.3 福利式结尾话术情景演练

1. 情景演练一

（1）直播情景再现

某农产品直播间正在销售新鲜的鸡蛋，主播小峰为了在下播前冲一波销量，决定给直播间的观众发红包，以此来激励大家下单。观众纷纷在公屏上提问，询问鸡蛋的品质、来源、营养价值等。

（2）直播公屏分析

1）主播介绍鸡蛋时可以围绕鸡的品种、养殖环境等方面进行具体介绍。

2）关于鸡蛋的营养价值，主播可以从鸡蛋的营养成分、适宜人群等方面进行讲解。

（3）互动演练

> 主播：家人们，直播就要结束啦，最后给大家带来的是××（产地或名称）农家土鸡蛋！
>
> 主播：下播前，我想冲一波业绩，直接给大家发红包啦！家人们也帮帮忙，多帮我冲几单。

公屏1：红包怎么发？

公屏2：怎么领红包？

主播：宝宝们，购买咱们今天的农家土鸡蛋福利满满，90元就可以到手60枚！下单后，动动你们的小手，点击右上角的关注，关注后进入咱们的品牌粉丝团，我会发5个百元红包，感谢大家的支持！

公屏3：鸡是不是散养的？

主播：本地散养的土鸡，每天在山上放养，吃的是天然的谷物和虫子。绝对是散养鸡，保证大家吃得安心，吃得健康！

主播：还没下单、没关注的宝宝赶紧下单、点关注，加入我们的品牌粉丝团，马上开始发福利红包！

公屏4：已进群，快发红包！

2. 情景演练二

（1）直播情景再现

某农产品直播间正在热卖山核桃，为了进一步提高销售业绩，主播小孙决定通过打折、送福利的方式来吸引观众下单。很多观众询问山核桃的产地、品质、营养价值、食用方法、优惠活动等。

（2）直播公屏分析

1）询问山核桃产地和品质的观众，他们可能对山核桃的产地等有特殊偏好，主播可以对产地及种植环境进行详细介绍。

2）询问优惠活动的观众，可能正在对比其他直播间山核桃的价格和市场价，这部分观众的购买决策受价格影响的程度较高。

（3）互动演练

主播：今天要给家人们介绍的最后一款好东西就是××（产地或品牌）山核桃，好吃又不贵，营养又健康！

公屏1：山核桃是好吃，就是剥起来麻烦。

公屏2：是不是真的××（产地或品牌）山核桃？

主播：我给大家推荐的这批山核桃全都做了预开口处理，轻轻挤压，壳就碎了，完全不用担心难剥的问题。正宗的××（产地或品牌）山核桃，假一赔十！

主播：今天咱们直播间给家人们送福利，原价158元，今天直接给大家一个神秘折扣！

公屏3：几折？

主播：家人们，你们说今天咱们应该打几折？

公屏4：1折！

公屏5：直接送！

主播：家人们，你们别跟我开玩笑了，今天我给你们1折，明天我就被开除了！把我开除了，以后谁还给你们送福利啊？

公屏6：那7折吧。

公屏7：不是最次的那种货吧？

主播：我看有心疼我的宝子说7折，谢谢你，我要感动哭了！你们心疼我，我得回馈大家，咱们今天直接福利折扣，5折！正宗的××（产地或品牌）山核桃，个大饱满！

主播：打完折后，3斤××（产地或品牌）山核桃惊爆价只要79元！错过今天，再想5折买，真的遇不到了。

主播：家人们，卖完这批山核桃，咱们今天的直播就结束了。喜欢吃山核桃的家人们注意了，正宗的××（产地或品牌）山核桃，今天直播间福利折扣，直接5折！来，9号链接，冲！

3. 情景演练三

（1）直播情景再现

某农产品直播间内，主播小阳正在售卖生鲜大闸蟹，虽然直播已经临近尾声，但直播间观众依旧热情，公屏上的问题也很多，有人问大闸蟹是否为活蟹，有人问大闸蟹的食用方法，有人问大闸蟹的产地，有人问大闸蟹的价格、优惠活动等。为了感谢直播间观众的支持，小阳特意准备了一些奖品，打算送给直播间的观众们。

（2）直播公屏分析

1）直播结束前，主播可以通过抽奖回馈观众，以此巩固主播与观众的关系，提高客户黏性。

2）对于大闸蟹的活性、做法、吃法、产地、品质、价格等问题，主播应结合实际情况，如实进行回复。

（3）互动演练

> 主播：欢迎各位新进入直播间的家人们！小阳今天已经直播快 3 个小时啦，现在咱们直播间人气还在持续上涨，刚刚介绍的大闸蟹马上就要卖完了，谢谢大家的支持！
>
> 公屏 1：这么快卖完了吗？
>
> 公屏 2：多少钱啊？刚进来。
>
> 主播：5 号链接，68 元 5 只装，108 元 10 只装！两种规格都只剩两位数库存啦，喜欢吃大闸蟹的家人们手速要快！
>
> 公屏 3：你们家大闸蟹好吃吗？是××（产地）的吗？
>
> 主播：是××（产地）的大闸蟹，马上就要卖完啦，来晚的宝宝赶紧下单吧！
>
> 公屏 4：卖完就算了，省点钱看看其他家。
>
> 主播：我看了下现在已经零库存，感谢大家捧场！今天为了感谢大家的支持，我专门为大家准备了一些好东西，通过抽奖的方式送给大家！一等奖共 5 名，送大黄鱼 2 条！二等奖共 10 名，送 100 元的无门槛红包！三等奖……
>
> 公屏 5：好好好，这个好！
>
> 公屏 6：我们就是一家人！
>
> 主播：大家注意啦，抽奖规则很简单，关注我们直播间的观众都可以参与抽奖！大家等我说"开始"后，在直播间发送口令"我要中奖"就可以参与抽奖了，时间持续 2 分钟，2 分钟后开奖！

4. 情景演练四

（1）直播情景再现

某农产品直播间正在热卖几种茶叶，直播间的观众热情高涨，主播小音决定在下播前将××（品牌）绿茶礼盒作为礼物，通过抽奖的方式送给直播间的幸运观众。此外，小音还积极与观众互动，直到下播前几分钟，直播间的热度和排名都很不错。

（2）直播公屏分析

1）对于公屏上想要参与抽奖的观众，主播要及时回复抽奖规则和方式，提醒观众关注直播间和分享链接，提高观众的参与度和黏性。

2）对于公屏上质疑抽奖真实性的观众，可能心中有怀疑或者曾经遇到过抽奖被欺骗的情况，主播可以详细介绍抽奖的公平性、公正性和真实性，消除他们的疑虑。

（3）互动演练

> 主播：家人们，我们今天的直播快要结束了，感谢大家的陪伴与支持！今天咱们直播间给大家带来了很多优质的茶产品，都是咱们家自己种植加工的，都有相关的检验报告和证书，大家可以放心购买！
>
> 公屏1：你们家的绿茶还蛮好喝的，快喝完了，今天来补点。
>
> 主播：谢谢肯定，我们选用优质原叶，经过精心制作，保留了茶叶的天然清香和甘甜！
>
> 主播：为了感谢家人们对我的支持和厚爱，我特意准备了10份××（品牌）绿茶礼盒作为礼物，送给在直播间购物的家人们！
>
> 主播：所有在直播间购物金额超过99元的家人们都可以在私信窗口将订单信息发给我们的客服，来参加抽奖活动！
>
> 公屏2：我来我来。
>
> 公屏3：怎么送？
>
> 主播：咱们直接采取在线抽奖的方式确定礼物的赠送对象。
>
> 主播：还没发送订单信息的家人们要抓紧时间了，购物金额超过99元就可以参加我们××（品牌）绿茶礼盒的抽奖活动！
>
> 公屏4：不是内定的吧？
>
> 主播：想拿礼盒礼物的家人们关注我们的直播间，然后在公屏上发送弹幕"我要礼盒"，我们会使用平台的抽奖工具抽取10位幸运观众送出礼物，保证公平公正！
>
> 公屏5：我要礼盒。
>
> 公屏6：我要礼盒。
>
> 主播：我们的礼物马上就要送出，数据已经进入平台的抽奖程序，现在我们开始抽取幸运观众，大家跟我一起倒计时，3！2！1！

农产品直播口才训练

5. 互动注意事项

（1）主播在发福利环节要持续与观众互动，不要自说自话，要引导观众加入粉丝团、发送弹幕等，指导观众正确领取福利。

（2）主播要使观众意识到福利力度，不要发了福利但没激起观众的热情，导致达不到预想的效果。

（3）主播可以为抽奖设置参与门槛，但不能过高，否则易引起观众的反感，活动的参与度也得不到保证。

（4）主播在抽出中奖人员名单时，不能出现卡顿或者容易引起误解的情况，避免观众怀疑抽奖活动的真实性。

8.2.4　数据式结尾话术情景演练

1. 直播情景再现

某农产品直播间正在热卖黑木耳，主播小梅已经完成了今天直播间所有的产品介绍，打算在下播前给直播间的观众们展示一下今天直播间的销售数据。小梅不断重复今天直播间的销量和好评率，感谢并适时引导观众下单和点赞，直到直播结束前，公屏上仍然有不少观众在积极互动。

2. 直播公屏分析

（1）关注销量的观众，大多对直播间销售的黑木耳的品质比较信任，可能已经下单或正准备下单。

（2）关注好评率的观众，可能对黑木耳的口碑和评价比较感兴趣，大多是想要了解更多其他用户的食用体验和反馈。

3. 互动演练

> 主播：家人们，我们今天的直播就快结束了！感谢各位的信任，库存不多了，还在犹豫的家人抓紧时间。
>
> 公屏1：快没货了？
>
> 公屏2：看看后台数据。

主播：这款黑木耳干货是今天我们直播间畅销的产品之一。它采用优质无污染的黑木耳制作而成，没有添加任何防腐剂和色素，是天然的健康食品。

主播：这种好东西当然卖得快啊！家人们可以猜猜今天晚上这款黑木耳干货的销量。

公屏3：1 000包顶天了！

公屏4：3 000包！

主播：再大胆点！

公屏5：5 000包！

主播：8 000包！我们直播间今天晚上已经卖出8 000包黑木耳干货！这个黑木耳干货的累计销量已经超过10万。我们家的黑木耳干货品质好，销量高，复购率高。

主播：大家再看我们家黑木耳干货的好评率，高达99%！这也是一个非常了不起的成绩！这些好评都来自我们的真实用户，他们都购买过我们家的黑木耳干货，并对黑木耳干货的品质给予肯定，所以才会给我们留下这么多的好评。

公屏6：真的吗？如果不是刷的数据，那还真不错。

主播：当然是真的！你们可以去看看我们直播间下方的用户评价和晒单，都是真实的。也可以去我们家的店铺看看，我们家的黑木耳干货已经获得了很多平台和媒体的推荐，是一款有口皆碑的产品。

主播：这么好的产品，这么低的价格，这么高的好评率，需要的朋友看12号链接！

公屏7：已下单，快点发货！

4. 互动注意事项

（1）主播展示数据时，要注意数据的真实性和准确性，不要夸大或者造假，否则会影响观众购买意愿和对直播间的信任。

（2）主播展示数据时，要注意数据的可读性和可视性，不要使用过于复杂或者模糊的数据，要简单明了，让观众一目了然。

（3）主播展示数据时，要注意数据的相关性和针对性，不要使用和产品无关或者无意义的数据，要使用和产品有关或者有价值的数据，如销量、好评率、优惠力度等。

8.2.5 预告式结尾话术情景演练

1. 直播情景再现

某水果直播间正在热卖时令水果,主播小沐介绍完手中的葡萄,就完成了今天的直播任务,她打算在下播前做直播预告,小沐不断重复开播时间和开播场次,并引导直播间的观众预约和关注,不少观众在公屏上积极互动,询问明日直播产品、优惠活动等。

2. 直播公屏分析

(1) 关注直播产品和的观众,可能是直播间的粉丝,对直播产品比较感兴趣。

(2) 关注明天是否有优惠活动的观众,可能比较熟悉主播的直播流程,应该是"铁粉",对于这部分观众,主播一定要维护好关系。

(3) 预告内容要提前准备,主播一定要守诚信,遵守平台的直播规则。

3. 互动演练

> 主播:家人们,咱们今天的直播快结束了,我做一下明日预告。
>
> 主播:明天咱们直播间的产品非常新鲜,除了今天这个××(产地或品牌)葡萄外,还有××(产地或品牌)西瓜和××(产地或品牌)黄桃,都是优惠好价!
>
> 公屏1:明天几点?
>
> 公屏2:明天也是九点吗?
>
> 主播:明天会早一点哟,宝子们,明天晚上七点就开播啦!
>
> 公屏3:每天就播一场吗?
>
> 主播:对的,宝子,咱们家现在直播每天一场,单场直播能使产品更加集中,明天直播会给大家意想不到的超低优惠,别错过哦!
>
> 公屏4:明天有优惠券吗?
>
> 主播:明天也是和今天一样,准点有优惠券发放哟,大家可以点个关注加入粉丝群,助理稍后会把明天直播的部分优惠产品明细发到粉丝群里,大家可以心中有数。
>
> 公屏5:主播辛苦!
>
> 主播:把好东西以好价格分享给大家,是我的荣幸,祝大家晚安好梦,明天咱们不见不散啦!

4. 互动注意事项

（1）主播做直播预告时，要注意将后续直播的时间、内容等基本信息介绍清楚，但不能完全透露关注度高的、重要的直播细节，留一些"悬念"，引起观众的好奇心。

（2）主播在预告后续直播时，不要过分故弄玄虚，容易引起观众反感。

（3）直播间应按时开播，不能预告直播时间后不按时开播，会影响观众对其的信任，进而导致观众流失。